U0895456

智能时代企业新发展系列丛书

智能时代的银行精细化管理

孙军正◎著

中国财富出版社

图书在版编目（CIP）数据

智能时代的银行精细化管理／孙军正著．—北京：中国财富出版社，2019.7

（智能时代企业新发展系列丛书）

ISBN 978－7－5047－6966－4

Ⅰ.①智…　Ⅱ.①孙…　Ⅲ.①银行管理—研究　Ⅳ.①F830.2

中国版本图书馆 CIP 数据核字（2019）第 140350 号

策划编辑	谢晓绚	责任编辑	周　畅		
责任印制	梁　凡　郭紫楠	责任校对	卓闪闪	责任发行	张红燕

出版发行	中国财富出版社		
社　　址	北京市丰台区南四环西路 188 号 5 区 20 楼	邮政编码	100070
电　　话	010－52227588 转 2098（发行部）		010－52227588 转 321（总编室）
	010－52227588 转 100（读者服务部）		010－52227588 转 305（质检部）
网　　址	http://www.cfpress.com.cn		
经　　销	新华书店		
印　　刷	北京京都六环印刷厂		
书　　号	ISBN 978－7－5047－6966－4/F·3050		
开　　本	710mm×1000mm　1/16	版　　次	2019 年 9 月第 1 版
印　　张	13	印　　次	2019 年 9 月第 1 次印刷
字　　数	193 千字	定　　价	46.00

前　言

从粗放型经济走向集约型经济，从传统管理走向精细化管理，这是社会发展的必然结果，也体现了人们在追求科学和真理的道路上所迈出的成功一步。从某种程度上讲，精细化管理是一种智慧结晶，它凝聚了众多企业管理者的成熟管理经验。

笔者记得在某高峰论坛上，有一位企业家感慨道："管理就像织毛衣一样，不仅要量好尺寸，而且要排除一切干扰，认认真真、仔仔细细，一针一线地织，才能将这件'合体'的毛衣奉献出来!"后来，他还强调，忽略管理过程中的细节，就如同机务没有认真检查飞机机身上的每一个零件。如果其中有一个零件出了问题，就可能酿成悲剧。管理不是靠一句空话、一个手势就可以完成的，它需要管理者重视每一个细节，做好"管"和"理"两部分工作，如此才能完善管理框架，实现对企业和员工负责。

国内著名管理专家汪中求在《细节决定成败》一书中表示，有一首民谣是这样唱的："丢失了一个钉子，坏了一只蹄铁；坏了一只蹄铁，折了一匹战马；折了一匹战马，伤了一位骑士；伤了一位骑士，输了一场战斗；输了一场战斗，亡了一个帝国。"成也细节，败也细节。什么是细节？一般来讲，细节就是细小的环节或情节。有人说："细节是转动链条上的扣环，是千里钢轨上的铆钉，是太空飞船上的螺丝。"

一切从管理细节出发，并不代表着事事都要管，事事都要问。管理者不是“保姆”，他更像一位管家，通过制定制度、搭建流程、设置绩效管理体系等方式，进行统筹有效的科学管理，也就是精细化管理。剩余的时间里，管理者还要把主要精力留给决策和布局。由此看来，精细化管理是一种工具，管理者只有学会使用这种工具，才能够为企业发展带来曙光。

本书分为三个部分。第一部分讲述了精细化管理的发展现状。对比过去，了解现在，展望未来，是历史发展对人们的要求，也是管理者学习、接纳的过程。第二部分，结合案例，引经据典，主要针对精细化管理的认识与应用进行较大篇幅的介绍。第三部分，则是精细化管理的实战。通过对精细化管理理论的学习和实践，广大管理者可以掌握一套行之有效的方法。

另外，笔者还要感激出版社及业内同人的鼎力支持。希望本书问世之后，能够为广大管理者提供有意义的参考和帮助。

孙军正

2019 年 7 月

目　录

第一部分

精细化管理的发展现状

第一章

精细化管理的定义与发展

在人类历史的长河中，管理体现了人类的大智慧。管理的发展与人类社会的发展几乎是同步的。如今，人类社会进入了精细化管理阶段。采用精细化管理，也是适应时代发展的一种表现。

管理发展的不同阶段

管理不是一个新鲜词，古代君王治国、家长治家，都是一种管理。春秋时期，鲁哀公曾经问孔子："如何才能让百姓臣服于我?"孔子说："提拔正直的人，远离邪恶的人，百姓就会臣服于你；提拔邪恶的人，远离正直的人，百姓就会远离你。"孔子认为，靠政治手段和刑罚去约束人的行为，远不如用道德和礼数来约束人的行为更有效果。这样的想法，放到今天，也没有过时。除了孔子，另一位儒学大家孟子，则倡导以"仁"治天下。他认为：爱人者，人恒爱之；敬人者，人恒敬之。管理者只有爱自己的员工，尊重自己的员工，才能得到相同的回报。古代圣贤关于管理的理论，放在今天依旧是非常流行的。

第一次工业革命发生之后，开始出现大量的资本家开办的工厂。这样的工厂，就是现代化工厂的雏形。18 世纪，亚当 · 斯密的《国富论》诞生了。这本书可以说是管理学的著作。《国富论》中有这么一句话："劳动分工是提高劳动生产率的主要原因。"如今，许多企业都在做细化岗位职责、明确责任范畴的工作，就是在劳动分工方面，更加体现优越性。书中的另一句话则更是对“员工技能”作了详细的阐述：“劳动技能的影响要大于有用劳动占比的影响，文明社会里产品的数量更多可以表明这一点。”可以说，这一观点代表着管理发展的新阶段。而这些观点乃至经验，都对精细化管理有深远的影响。

随着第二次工业革命的出现，人类在对自然界的改造方面又有了进步。现代化企业的出现，也让许多企业家重新思考管理这件事。被誉为“现代管理学之父”的彼得·德鲁克于1954年出版了一本名为《管理的实践》的书。这本书提出了一个概念，叫“目标管理”。在书中，彼得·德鲁克表示：每个系统都需要有不同的管理技巧和管理组织。单件生产需要的是身怀绝技的人才，“新式”和“旧式”的大规模生产需要的管理人才必须受过分析思考、生产进度安排和规划的训练。“新式”大规模生产和流程生产一样，管理者在整合观念和制定决策时，都必须能视企业为整体。从他的观点中，人们能够看到现代管理的影子，比如技巧管理、组织管理、组织培训、整合关键、决策与流程等。该书更是对现代企业管理的核心问题进行了阐述。

智能时代的来临，使得现代管理又有了新突破。在互联网体系下，许多企业开始借助大数据、云计算等，让管理更加高效。管理的本质是“人”，但是管理还要讲究艺术和平衡，这就需要管理者将企业内部环境、外部环境与管理目标达成一致。只有这样，管理者才能让管理更加高效，才能充分发挥每一名员工的能动性。

精细化管理的起源和发展

宋代大学士朱熹有句名言：“言治骨角者，既切之而复磋之；治玉石者，既琢之而复磨之，治之已精，而益求其精也。”做人修身，应该像切割骨器、雕琢玉器那般，要经过不断雕刻和打磨，方可成功。做人当应追求“精湛的技艺”，做管理也是如此。因此有言：“业精于勤，荒于嬉；行成于思，毁于随。[①]”

“科学管理之父”弗雷德里克·泰勒，就是这么一个对待专业技术精益求精的人。1881 年，25 岁的泰勒是一个非常善于发现、思考与总结的年轻人。在钢铁公司工作期间，他就总结出了一套科学、标准的操作方法。后来他将这套方法推广给钢铁厂的每一名工人，使钢铁厂的劳动效率大大提高。1911 年，泰勒出版了一本名为《科学管理原理》的书。他在书中表示：为了充分调动工人的积极性，管理者必须给予他们一般企业没有的特殊激励。这种激励有若干种形式，例如，快速提拔和晋升；提高工资，表现为优厚的计件工资或是由于工作得又好又快而发放的福利；缩短劳动时间；提供比通常情况更好的工作环境和条件等。更重要的是，实施这些特殊激励的同时，管理者应关心工人并与他们保持友好的关系，而且，只有当管理者真心实意地关心工人的利益时，才能取得效果。这些观点，不仅是现代管理的核心，而且是精细化管理、人性化管理的雏形。除此以外，《科学管理原理》一书中也简要提到了分工的问题。

第二次世界大战结束之后，工业化进程得到了快速发展。许多企业纷纷展露出雄心，产量、销量、规模都得到了进一步提升。以汽车巨头日本丰田公司为例，20 世纪 50 年代，丰田公司管理者与著名的管理学者爱德华兹·戴明共同研究出一套关于质量的“管理方案”。其中，爱德华兹·戴明提出的著名管理“14 条”，也成为现代管理史上的经典，这“14 条”分别如下。

（1）将产品创新和服务改善作为永恒目标。

（2）采用更先进的管理哲学。

（3）通过改良生产工艺，减少“次品率”。

（4）废除“价低者得”的方法，借助统计工具解决采购问题。

---

① 出自唐代韩愈的《进学解》。

（5）永不间断地改进生产工艺和服务系统。

（6）建立监管制度和方法。

（7）建立培训平台。

（8）赶走员工内心的“恐怖疑云”，鼓励他们多提问。

（9）发挥团队精神，打破部门之间的“壁垒”。

（10）取消导致员工不适的“可计量”目标。

（11）取消标准生产数量定额，强调质量与数量的结合。

（12）建立完善的教育机制。

（13）消除员工工作过程中的不利因素。

（14）让员工在自己的岗位上发挥作用，实现改革。

丰田公司借助“14 条”，实现了飞跃，成为世界上著名的汽车公司之一。

随着科学技术的进一步发展，智能时代来临，这让精细化管理有了更大的用武之地。如今，大大小小的公司，都在采用精细化管理的方式创造管理业绩。笔者的一位朋友是某商业银行支行的行长，自 2008 年担任支行行长以来，他始终坚持精细化管理。该支行通过细化客户关系，不断挖掘客户的潜在需求；借助产品组合或个性化定制服务，满足不同客户的不同需求；建立客情回访体系，让银行长期与客户保持一个良好的、互动的关系，从而提高了客户的满意度和忠诚度，为支行发展打开了一条绿色的快车道。该支行行长坚持认为：精细化管理才是商业银行生存发展的出路。

《道德经》中有这样一句话：“天下难事，必作于易；天下大事，必作于细。”治理大国，都要如“烹小鲜”那样细致入微；做管理，也必始于细节，终于每一个职能单元。精细化管理并非“后天偶得”，而是从古到今，一代又一代人通过实践和总结才得到的智慧结晶。

精细化管理的概念和意义

如果把一个企业或者银行比喻成一个人的身体，管理的作用就是让这个身体保持长久的健康状态。这就需要一名管理者，采用合适的方法和方式，对这个身体进行科学“打理”。比如，设定目标，目标就是这个人的“寿命”，能够活到100岁与能够活到70岁的目标存在很大的差异。还要对这样的目标进行分解。比如，30～40岁需要做什么，40～50岁需要做什么，以此类推。每一个阶段都需要调整策略。调整策略的目的，就是保持“目标”的一致性。另外，管理者还要定期对这个身体进行检查，评估身体的“健康”状况。如果身体出现了问题，还要分析原因，找到存在的错误，建立“问题解决模式”，也可以把它称为“治疗”或者“对症下药”，从而进行纠错，让身体恢复“健康”。笔者采用这个比喻，就是为了较为形象地概括出精细化管理的概念。如果套用管理学的名词进行解释，那么精细化管理就是对战略目标的细分和落实，从而让组织战略能够充分贯彻到每一个点，继而激活整个组织，大大提高整体的执行效能。

人们可以把精细化管理当成一种管理艺术，它符合人们对“完美”和“细节”的不断追求。精益求精，一直以来都是我国劳动人民孜孜不倦的追求。慢工出细活，体现的是人们对细节的专注。丰田公司作为精细化管理的经典代表，向其他企业展现出了对工艺、标准、流程等的严苛追求。在这里，笔者补充一句：精细化管理并不仅仅追求“精”，而是力求建立一套“滴水不漏”的管理体系。借助该体系，企业可以减少更多的“人为因素”。现实中，许多商业银行网点的管理出现问题，恰恰就是人为因素造成的。比如，某商业银行员工因为沉迷赌博而挪用公款；还有一些银行管理者无视“各类风险”，而采取放任不管的态度。不管是道德风险，还是责任风险，如果没有相关制度与监管措施，就会导致出现严重问题。精细化管理是人类发展史上伟大的管理智慧，那么它具体的意义有哪些呢？

（1）精细化管理让管理更加明确。

许多企业，没有明确的管理方向，甚至连设置的管理目标都是含混不清的。还有一些组织，完全靠管理者的命令来进行管理，吆喝声到哪里，管理就到哪里，完全是“指哪打哪”。缺乏“具体化”和“量化”的管理，就无法做到指令的有效转化。比如，某银行布置产品销售任务，只交代5000张信用卡的总量，而没有对这个数量进行分解、细化，更没有具体落实到每一名员工的身上，这就会导致任务不明、责任不清和相互推诿的现象发生。如果管理者采取精细化管理，就可以防止这些问题出现。

（2）精细化管理提高了员工的工作效率。

“科学管理之父”弗雷德里克·泰勒的《科学管理原理》一书中，有大量的篇幅是针对员工“磨洋工”的问题，员工做事懒惰、不积极，效能低下，盲目套用技能，这让工作效率大大降低。精细化管理，是通过建立教育培训平台，提高员工的技能，借助绩效管理激发员工的工作干劲，从而提高员工的工作效率。通常，工作效率提高了，错误减少了，管理绩效就会得到提升。精细化管理，就是由粗放管理到集约管理的转变。

（3）精细化管理体现了管理的“三个维度”。

传统的管理者认为，管理只是解决一个层面的问题，就是“效益”。笔者分享某银行网点领导的观点：管理就是抓效益，所有的一切手段，都是为了效益。乍一听，这没有问题。但是回过头，观察他的做法，笔者才发现，这种管理模式下的员工，怨声载道、心怀不满。精细化管理则能够体现出管理的“三个维度”：第一，精细化管理追求管理的规范化；第二，精细化管理追求管理的个性化；第三，精细化管理追求管理的细致化。每一个“维度”都能展现出管理者的特点和智慧。如果管理者既能让员工保持自己的个性，又能规范员工的行为、细化员工的责任目标，便能体现出管理的优势。

另外，精细化管理还是社会对企业的要求。精细化管理是科学的精耕细种，它完全区别于粗放的、靠天吃饭的“刀耕火种”式的管理。管理者转变思维，采用精细化管理手段，将会给组织带来更深远、更积极的影响。

精细化管理的“四细”与“五精”

麦当劳前总裁弗雷德·特纳表示：不要总是抱怨机会没有垂青于你，只要注意生活中的细微之处，你就会发现机遇无处不在。细微之处，方显本领。厨师切豆腐，苦练几年刀工，才能切出细如发丝、可以穿针的豆腐丝。而这样一盘豆腐丝的价格，要远远超出一盘豆腐块的价格，这就是功力和细节体现出的价值。

精细化管理就像“管理圣经”，得到了广泛的认可和传播。精细化管理是一种智慧、一种经验，还是一种有形的管理工具。人们常常提到精细化管理的“四细”和“五精”，它们是精细化管理的精髓所在。

1. 精细化管理的“四细”

何为“四细”？就是将企业的市场和客户、岗位和职能、目标和战略、管理制度等进行一一细分和细化，从而将管理充分落实到位。

（1）细分市场和客户。

商业银行在激烈的市场竞争面前，更要把握市场规律，找到适应市场变化的管理方式。对待不同的客户群体，商业银行要提供不同的产品和服务，比如将客户划分为企业客户、个人客户，VIP（贵宾）客户、重点客户、普通客户、临时客户等。

（2）细分企业岗位和职能。

当今社会，分工越来越细，岗位的专业性要求越来越高。商业银行对岗位和职能的划分，也应该遵循这个规律，比如将服务区与功能区区分开来。只有明确岗位和职能，才能健全管理体系，让责任更加明确。

（3）细化管理中的每一个目标和战略。

目标管理也属于精细化管理的一个范畴，管理者将目标细化、分解到每一名员工的手里，就能够做到“人人头上有目标，人人身上有责任”。

（4）细化各项管理制度。

通常来讲，商业银行的制度有很多，比如岗位制度、绩效制度、监督制度等。细化各项制度，就是为了防止责权不清、互相推诿、监管不力的现象出现。

2. 精细化管理的“五精”

何为“五精”？简单来说，就是把握精华、领悟精髓、打造精品、精通市场和精密协调。

（1）把握精华。

这里的把握精华，主要是提高工作技能、打造工作文化、发挥工作智慧，因此涵盖技能、文化、智慧三个方面。技能，就是苦练技能、提高熟练运用技能的能力，从而游刃有余地适应自己的工作；文化，就是打造强有力、旗帜鲜明的“企业文化”；智慧，就是发挥智慧和先进经验的作用，让管理和工作更加高效。

（2）领悟精髓。

管理精髓，是一种从管理实战中萃取的“精华”，是管理者辛勤劳动的结晶。管理精髓如同管理文化，是可以进行传播的。企业管理精髓，其实就是一种管理智慧、一种经验，甚至是一个真理。领悟并善用管理精髓，才能让企业得到稳定发展。

（3）打造精品。

如今，许多商业银行纷纷提出打造“精品营业网点”的战略。所谓精品，体现在三个方面：精品服务，就是牢牢树立“客户是上帝”的服务意识，专注于服务；精品产品，即好产品决定好前景；精品体验，就是给客户带来“家”的感觉。

（4）精通市场。

有人说："只要精通，便可以掌握世界的奥秘。"对于商业银行管理者而言，精通市场和渠道，才是克敌制胜的法宝。

（5）精密协调。

打个比方，一块机械手表就是一件精密器械，如果其中一个零件出了问题，就会走时不准。因此，企业管理者，要将组织打造成一个运行严密、配合流畅的"精密器械"，只有这样，才能体现精细化管理的价值。

精细化管理是时代赋予的新思维、新理念，它代表着一种发展，展现出一种智慧。因此，企业坚持走精细化管理之路，才能顺应时代潮流，取得突出成绩。

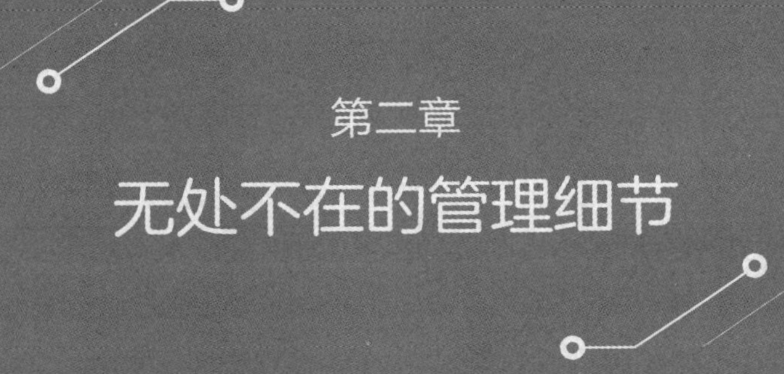

第二章 无处不在的管理细节

细节决定成败，管理优势也体现在每一个“点滴”之上。有一位企业家表示，自己赚来的利润，不只是产品差价，还有从“跑冒滴漏”里省出来的钱。重视细节，才能做出成绩。

细节决定成败

1986 年 1 月 28 日，美国载人航天飞机“挑战者”号在 1000 多名现场观众的期待下，缓缓升空。当时，美国上空万里无云，实乃发射的好天气。结果，“挑战者”号刚刚升空仅 50 秒钟，地面监测人员就发现航天飞机的右侧固体助推器开始冒烟。仅仅过了 23 秒钟，也就是升空后的第 73 秒，“挑战者”号突然发生了爆炸。这次爆炸，造成 7 名宇航员身亡，12 亿美元的经济损失。造成爆炸的原因，仅仅是助推器上的一个连接橡胶圈失效而已。

由此可见，细节决定成败！不重视细节，恐怕就会造成这样无法挽回的结果。千里之堤毁于蚁穴的故事，并不是编造的。笔者记得某位航天英雄说过一句话：“每一次起飞之前，我都会严格检查飞机，甚至包括每一颗螺丝钉。”由此看来，注重细节，还是一种有责任感的表现。那么细节到底是如何定义的呢？

简单讲，细节就是一件“小事”。这件“小事”或许小到微不足道、不足挂齿，甚至完全可以忽略不计。有些人说：“做人当胸怀大志，不拘小节!”这里的“小节”，可以理解为“小事”，还可以理解为“琐事”。俗话说：“小事虽小，但不可小瞧。”意思是说，小事不管，就有可能酿成大错。这些“微不足道”的事，有时候如同房梁上的蝼蚁，如果任其啃噬，房梁也会折断。所以说，这些“小事”，积少成多，就会变成大事。

细节，有可能是一种细微的变化。例如，前几年，山西某商业银行有一个负责“清收业务”的刘科长，偶尔从网上看到了一则“严控环保”的新闻，他认为虽然环保局还没有派人来查，但有这样的趋势。于是，他每天关注相关信息，以及银行贷款户，尤其是那些高污染、高能耗的贷款户的经营状况。经过一番思考，他在某一个“点”启动了加强清收的工作。通过半年努力，他将“贷款外债”压缩到低风险系数以内。令人吃惊的是，仅仅过了一个月，环保组下来严查，许多高能耗、高污染企业因环评不达标而关停。这家商业银行的行长感叹：“如果再迟一个月，贷款可能就收不回来了!”这个实例，就是注重细节、注重细微变化的故事。就像古人判断未来天气变化一样，看到月晕便知近期有风，看到蚂蚁搬家便知近期有雨。古人总结：日晕三更雨，月晕午时风。现在看来，是有一定道理的。如果管理者着眼细微处，就可以做到有备无患。

细节，还有可能是一个小小的举动。例如，山东某地方商业银行，有一个大堂经理叫吴永生。该银行的客户们给吴经理取了一个外号叫“微笑先生”。因为他一个小小的微笑，便可以化解客户的焦虑、急躁、不满等负面情绪。送人玫瑰，手留余香。送给客户一个微笑，便能收获客户的开心和忠心。有人说：“微笑是世界上最廉价的管理工具。”当然还有人说：“微笑没有成本，只需要你动动嘴角。”如果管理者以及员工，能够重视这些服务的细节、产品的细节，就能够在真正意义上体现精细化管理的价值。

清代著名文学家沈复在《浮生六记》中写道：“余忆童稚时，能张目对日，明察秋毫，见藐小之物必细察其纹理，故时有物外之趣。”事实上，管理者也应该具备“明察秋毫”的本领。笔者记得与某银行行长聊天时他说：“当今社会，市场变化如万花筒一般。如果不能从细微之处抓住‘变’的规律，就会满盘皆输，企业毁于一旦！”

从“大堂经理迎客”读细节

对于一个商业银行网点而言，大堂就是为客户提供服务、休息、体验、交流的场所。甚至可以说，客户 80% 的时间都会在银行网点大堂内度过。如果把银行网点比喻成一个饭店，大堂就相当于饭店的就餐区。一个饭店的经营质量，完全与就餐区的环境、服务息息相关。

某地区的商行网点，发生了这样一件事：一个老人，急着给老伴缴纳手术费，拿着一张银联卡来银行取款。通常来讲，2 万元以内的现金取款，可以在自动取款机上取，超过 2 万元，就需要去柜台办理。这个老人需要提 5 万元的现金，而且非常着急。

当他来到银行网点时，柜台前面早就排起了长龙。如果按照排序，他至少要等半个小时以上。此时，大堂经理老刘出现在了老人的面前。他对老人说：“老大爷，不要着急，这事交给我，我帮您处理！”老人依旧心急如焚，毕竟老伴等钱做手术。

老刘走到柜台前，对正在办理业务的客户进行解释：“有一个老人，老伴手术急着用钱，您能否让他先取款，毕竟取款是一个简单、快速的业务，也就占用您 2 分钟的时间。”经过这样一番协调，所有客户都同意让老人先办理业务，于是自觉为老人开辟出一条“绿色通道”。

老人办理完业务，非常感激老刘和所有客户。另外，所有的客户也对老刘的这种“特事特办”、注重客户体验和需求的做法表示认同，纷纷对老刘竖起大拇指表示称赞。

从一个小小的故事中，人们就能够感受到服务与细节。那么一名大堂经理在“迎客”方面，应该注意哪些细节呢？

第一，职业微笑。

眼睛是心灵的窗户，如果客户能够第一时间用眼睛看到大堂经理的微笑，就会给自己带来好心情。微笑是世界上最美好的表达方式，给人一个微笑，就是对他人的尊重和认可；微笑也是一张银行的名片，代表着银行的形象。大作家马克·吐温认为：人类有一件有效的武器，那就是笑。微笑可以让世界变得美好，让客户的心情和体验都得到改善。

第二，迎客问好。

向客户问好，不仅是一种礼貌，而且是一种礼仪。许多银行都外聘团队培训“礼仪”的课程，就是为了让银行员工养成一个良好的工作习惯。向客户问好，客户的内心就会得到满足。客户带着舒畅的心情办理业务，哪怕办理过程中出现一些小小的摩擦，也能够选择原谅。

第三，主动询问。

客户来银行的目的，就是办理业务。因此大堂经理或者大堂服务人员，应该主动询问上门的客户需要办理什么样的业务，然后对客户提出的疑问给予正确回答或者引导。

第四，维护秩序。

我国许多银行网点还未完全启用“智能化”经营模式，办理传统业务的效率并不高，等号、排长队现象依旧存在。因此，大堂经理还要肩负“秩序维护员”的角色，比如让客户自觉排队、禁止插队、防止客户大声喧哗、防止客户在禁烟区吸烟等。把秩序维护好，才能给客户一个舒服的业务办理环境，否则将大大影响客户的体验。

第五，引导分流。

来银行网点办理业务的客户，不可能都办理同样的业务。有的人取款，有的人转账，有的人购买理财产品，有的人缴费，有的人贷款……因此，大堂经理要了解每一名客户的需求，然后将其引导分流至不同的业务办理区。笔者记得某银行一位大堂经理把自己比喻成“交通指挥员”，能够做好“交通指挥”工作，就能大大提高银行的业务办理效率。

第六，指导填表。

除了自动取款业务和个别银行信息查询业务外，大多数业务需要填表办理。因此，大堂经理要给予客户精确指导，让客户提前把需要填写的表格正确无误地填写完整。

除此之外，大堂经理还要做好其他辅助员工的管理协调工作，比如打扫卫生，保证大厅干净整洁，确保无卫生死角，为客户营造良好的服务环境。细节决定成败，大堂经理只有注重细节，才能为银行树立形象。

海恩法则与细节管理

德国飞机涡轮机发明者帕布斯·海恩曾经提出一个关于航空安全的飞行法则，内容是这样的：每一起严重的事故背后，必然有 29 次轻微事故、300 起未遂先兆以及 1000 起事故隐患。如果认真进行推敲，99% 的事故是人为因素造成的，而这些人为因素，都是一些不被重视、不被提及的因素。

有一个村庄，位于一条河流中央的岛屿上。村庄有 19 户家庭，一共 65 个人，他们在这座岛屿上生活了几十年，物资运输完全借助于船舶。随着地球气候发生变化，这里常常遭受极端天气的影响。其中一个村民在打理自己的田地时发现，原本干燥的土壤，竟然有水渗出。于是，他将这一情况汇报给村长。

村长说：“不要大惊小怪，这座岛屿是安全的！我们的祖先在 1000 多年前就来到这座岛上。今天，这座岛屿还是完整无损的。”

又过了一段时间，岛屿的一侧发生了塌陷，其中一部分直接被洪水冲走了。此时，又有一个村民向村长汇报情况。但是村长依旧解释说：“洪水很快就会消退了，难道你们的家里也进水了吗？”

后来，岛屿上发生了许多奇怪的、难以解释的现象。此时有几户村民打算乘船离开这个地方，然后在河流岸边的高地重新盖房子。一年之后，这个岛屿还剩下 2 户家庭，其余的 17 户家庭早就搬走了。

村长依旧坚持自己的观点：岛屿是安全的，河水不会对岛屿构成威胁。偏偏一场百年罕见的大暴雨，导致河水暴涨，三分之二的岛屿都被淹没。村长和他的家人，连夜跑到岛屿的最高处才侥幸逃过一劫。

海恩法则强调了两点：第一，事故的发生是量变导致质变的结果；第二，技术再高超，管理再完美，如果没有责任心，也会毁于一旦。这就给企业的管理者提出了要求：建立健全“隐患排查制度”和“责任相关制度”。只有从根本上排除隐患，才能避免犯类似同样的错误。那么人们如何才能将海恩法则运用到商业银行的经营管理上呢？笔者认为，要重视四个细节，并且要进行强化执行。

（1）重视专业领域的投资。

许多企业或管理者，有勇气，也有责任带领组织进行转型，便扩大投资范围，丰富组织产业、产品结构，希望通过这种方式来分散投资风险，实现组织做大做强的梦想。事实上，盲目扩大投资并不能给企业带来直接有效的转化。俗话说：“好钢用在刀刃上。”集中优势投资自己擅长的领域，才能取得经营效果。

（2）重视资本运营的风险。

传统的银行与企业的关系，可以用“夫妻”关系来形容。企业从银行贷出款项，然后投入生产，扩大规模，与此同时给银行带来一笔不错的贷款利息。但是新常态下，企业和银行同时面临转型。转型就有风险，就存在各种不可控的局面。因此，人们看到许多企业转型失败后，会将这种债务完全转嫁到银行身上，高负债率和低盈利率将严重制约银行的发展。因此，银行管理者要重新审视这种新常态下的“夫妻”关系，走轻资本、轻资产的运营之路。

(3) 重视组织内部的管理。

不管是无为而治，还是有为而治，关键要落实到“治”字上。至于如何“治”怎么“治”，需要银行管理者做好三项工作。第一，找到问题。就像大夫看病，找到病因才能对症下药。第二，总结问题。总结的过程，就是重新认识问题的过程。只有对问题足够重视，通过总结找到解决办法，才能解决问题。第三，做好监督和评估。有些错误人们即使改正了，下一次还会再犯。只有在有效的监督制度和评估体系下，管理者才能把内部问题妥善处理好。

(4) 重视工作人员的需求。

如今，许多企业都在借助“马斯洛需求层次理论”建立健全人力资源管理平台，其中包括员工的需求管理、福利待遇、职业晋升、个性管理、技能提升等多个方面。企业只有满足员工的需求，才能激发员工的斗志。说到底，企业管理，就是人的管理。

海恩法则是一种以“预防”为主的法则，它又可以给人们带来更多的启发，比如如何控制风险、如何保证安全等。通过一种“查漏补缺”“精耕细作”的方式，人们可以夯实管理，让管理更加准确、高效。

解析“无效管理”

古代有一个将军，他骁勇善战，曾经立下赫赫战功，皇帝赐给他一件黄马褂，以表嘉奖。后来，这位将军认为，自己身披黄马褂，手握重兵，权力非常大，甚至拥有了与朝廷对抗的能力。

此时，有一个人怂恿他：“将军，如今你手握重兵，甚至连当今皇上都要高看你一眼。既然如此，为何不为自己开疆破土，自己称王呢?”这句话似乎说到了这位将军的心坎上了。于是这位将军野心渐起，有了谋朝篡位的想法。但是这个皇帝是个明君，向来以德治国、依法施政，从不乱来。由于没有找到这个将军起兵造反的证据，皇帝依旧采用“感化”方式，希望这个将军能够迷途知返，不要在错误的道路上越走越远。

后来许多人举报，这个将军不但有谋反之心，而且任人唯亲，贪恋女色，拥兵自重，好大喜功。皇帝心知肚明，但是依旧没有下令缉拿这个将军。这更助长了这位将军的嚣张气焰，于是他决定起兵谋反。令人诧异的是，得知将军将要谋反，他的许多部下竟然纷纷“叛逃”，甚至有人临时投靠皇帝，并对皇帝说：“这个人私心太重，平日里根本不把我们当人看。”

谋反还没开始，这个将军的“队伍”就散了。他身边只剩下为数不多的几个“死忠分子”。最后的结果可想而知，皇帝几乎没有损失一兵一卒，便活捉了这个将军，并将其打入了天牢。

这个故事有两个人物，皇帝和将军。与皇帝的人心所向相比，将军的管理似乎是完全无效的，到了危急存亡时刻，几乎所有人都不听从他的指挥。这种反差，是什么原因造成的呢？故事中有这么几个词语值得人们注意：“任人唯亲”“贪恋女色”“拥兵自重”“好大喜功”。而这四个词，也是造成企业无效管理的四个核心问题。

（1）任人唯亲。

任人唯亲有两层意思：第一层，就是管理者只信任自己的人，不是自己的人，就会产生怀疑；第二层，管理者带着偏见进行管理，管理环境不公平，标准不统一。还有一些管理者采取“双重标准”，对自己和自己的亲信宽容，对其他人则非常严厉。笔者发现，个别地方银行的行长常常安排自己的亲属朋友在重要岗位上工作，俨然把银行当成了自己的家。这样的管理，不仅让员工感到不公，而且会影响员工的工作情绪。

（2）贪恋女色。

贪恋女色的另一层意思，就是作风有问题。工作作风不好，或者工作作风偏软，都会影响到管理效力。某银行行长落马，就是因为包养小三、挪用公款。他不仅挑战了社会公德，而且损害了银行的形象。还有一些管理者，工作作风太软，镇不住场面，也会导致管理失效。

（3）拥兵自重。

与拥兵自重相似的一个词是飞扬跋扈。如果放在现代人身上，还可以用过于张扬来形容。当然，这种张扬也体现在两个方面。一方面，管理者低调做人，高调管理。所谓低调做人，就是给下属树立榜样，让自己更有亲和力；所谓高调做事，就是做管理、做决策要果断，执行管理方针要明确，敢于问责。另一方面，管理者只有摒弃张扬的个性，才能将心思放在管理上。笔者记得一位企业家说："管理者是'用人'的人，是将权力转化为服务的人，而不是坐享权力、支配权力的人。"低调做人，同样是注重管理细节的表现。

（4）好大喜功。

许多企业，特别喜欢口号，比如五年规划、三年上市等，这些口号会给人一种很浮夸的感觉。还有一些企业，做了许多表面工作，比如为了通过 ISO 9001 管理体系而临时制定了一些制度，建立了许多平台。但是"戏台子"搭起来之后才发现，这些制度和平台与企业管理需求有明显的"出入"。这种为了规范而规范的做法，也会导致管理失效。

因此，企业管理者要摒弃这四点，将组织规划建设与实际相结合，对待工作要认真，对待自己要负责，对待权力要谨慎，对待员工要公平，要借助制度流程，不要借助权力手段，做到健全监督制度，凡事有法可依。只有这样，才能做到有效管理。

执行力不足的七个因素

不久之前，有一个企业高管朋友向笔者发牢骚："每年我们公司都会按照国家规定为员工提高工资水平和福利待遇，但是依旧有那么一批人'磨洋工'，真不知是采取通报批评处分，还是直接开除。"事实上，工作执行不力的现象是非常普遍的。一方面是员工的问题；另一方面是管理的问题。如果细细推敲，都可以归咎到管理层面。如果管理做得不够细致、不够全面、不够人性、不够灵活，就有可能导致执行力不足。笔者认为，常见的执行力不足的因素有以下七个。

第一，流程不合理。

流程就像一个皮带机，皮带机只要运转正常，执行力就不会存在障碍。如果皮带机因为“一个零件损毁”或者“人为操作不当”而停止运行，执行力就会遇到阻碍。

管理者想要解决流程问题，首先需要对流程进行检查，从开头到结尾，每一个环节，每一个执行人，都要进行检查。如果环节之间衔接不畅，就需要重新衔接；如果各部门的责权不清，就需要明确责任；如果中间环节太多、太繁杂，就需要进行精减。其次，要对流程进行评估。修改或者优化后的流程，经过一定阶段的评估，趋于稳定和顺畅时，再予以推广、使用。

第二，制度不合理。

某商业银行开展纪律周活动，纪律周期间，凡是迟到早退或者抽查不在岗者，严格按照纪律奖罚制度给予通报批评、罚款等处罚。其中有一个柜员，因为腹泻上厕所而被处以 100 元的罚款。后来这件事被传播开来，给该银行造成了一定的负面影响。

因此，管理者在制定管理制度时，要始终坚持“以人为本”的管理制度和弹性管理制度，让制度既能有效，又不太过严厉或者太过宽松，从而保障管理制度执行起来顺畅无阻力。

第三，监管不到位。

有些企业或银行，其监管部门如同摆设，起不到任何监管作用。笔者了解到某些企业监管部门的领导由工会或者办公室领导兼任。管理者分身乏术，又如何拿出精力来进行监管呢？另外，还有一些监管部门，“权力”触角伸得太远，严重影响到其他部门的运行。因此，企业不仅要专人专职监管，还要健全监管制度，既要让监管有力度，又不能让监管越位。

第四，员工素质低。

如今，许多企业发展迅速，需要员工承担更多的责任，做更多的事情。令人无奈的是，许多员工的素质达不到管理者的要求。这就需要管理者通过建立并完善人才培养系统，提高员工的素质，从根本上提高执行力。

第五，技术不匹配。

某公司购买了50吨水泥，让负责物流运输的两个员工，当天下午从水泥厂提货，将水泥拉回公司工地。如果公司配备一辆运输水泥的汽车，这件工作就非常容易完成；如果公司配备一辆拖拉机，辛苦一点，工作也可以完成；如果公司只配备一辆人力三轮车，即使员工累吐血，恐怕这个工作也无法完成。因此，许多企业执行力低下，完全是技术或者设备不匹配所造成的。这就需要管理者在提高管理目标的同时，对技术或者设备进行及时升级。

第六，主管能力差。

一个企业除了管理者之外，下面还有许多部门。这些部门主管，能力水平也是参差不齐的。如果一个企业任命了一个能力差、道德素养低的主管，就会给组织管理造成消极影响。因此，管理者要建立“干部考评制度”，定期对干部能力进行测评，充分做到能者上、庸者下。只有这样，才能让管理有效、执行有效。

第七，战略有问题。

俗话说：“人无完人。”管理者的决策和眼光，也并非百分之百准确无误，如果制定的战略出现问题，也会造成执行困难。例如，某煤炭公司看准“电解铝”行业，于是战略投资数十亿元，并制订了年销售额30亿元的目标。然而，该公司因为技术受限，在许多方面都不专业，迟迟无法解决成本问题。不仅员工每天非常劳累，而且公司每个月依旧有数百万元的亏损。后来，这家煤炭公司只能关停“电解铝”项目。隔行如隔山，如果战略决策出现问题，恐怕也会“累死三军”。

除此之外，企业文化不健全、价值舆论导向有误，也会对执行力造成不良影响。因此管理者要找出问题，对症下药，才能提高管理执行力。

第三章

“数学”决定精细化管理

所谓“数学”决定精细化管理，就是借助科学严谨的计算，借助数据，借助理性客观的思维，把管理做扎实。不管是坚守规则，还是传承经验，只要遵循正确的、细致的管理方案，就能找到生存、发展之路。

标准化决定产品质量

有些人对“标准”二字不屑一顾，认为标准是缺乏个性的，是制造规格一致的“流水线”产品。许多时候，人们似乎对“个性的”“没有标准”的东西感兴趣。然而，对于企业而言，没有标准，就意味着无法保证产品质量。比如，茶叶作为一种农副产品，如果缺少行业规范，茶叶的分级、价格的制定、农药残留标准、保质期限等没有统一的标准，就会造成一种市场乱象。一个人花500元买一斤茶，它可能是新茶，也可能是陈茶；大肠杆菌也许没有超标，也许严重超标……这样的潜在隐患，恰恰是缺乏标准、缺乏规则造成的。因此，“标准化决定产品质量”这句话是一个真理。

产品是企业的生命线，产品质量不过关，就会制约企业的发展。海尔集团张瑞敏曾经用“砸毁”质量不合格冰箱来强调产品质量的重要性。笔者记得某企业家说：“如果将不合格的产品卖给消费者，就是对消费者的一种欺骗。”如今的市场，不是卖方市场，而是买方市场。消费者需要产品，必然想在产品上得到相等价值的体验，这就更需要企业严控质量关。商业银行虽然不需要流水线生产金融产品，但是也要按照行业规则来规范自己的服务，比如统一着装、规范礼仪、微笑服务、规范售后等。规则之下，银行才能给消费者带来更加职业、规范、舒适的体验。标准化有以下几个意义。

第一，标准化是产品合格基础。

以快餐连锁肯德基为例，肯德基从采购、运输、原料分类，到配料、加工、销售，每一个环节都严格按照标准化流程进行。因此，人们无论从南京、上海还是北京，都能够吃到品质如一、口感相同的肯德基快餐。标准化不仅为肯德基的发展提供了原动力，而且帮助肯德基树立了品牌形象。使得人们只要想起肯德基，就能感受到这种标准化的力量。另外，标准化给行业和产品进行了相关“约束”，比如对产品的规格、使用期限、性能、物理属性等，都有严格的标准。产品只有质量达到相关标准，才被定性为合格产品。中国乳制品行业就因为缺乏严格监管而导致三聚氰胺事件爆发，这一事件几乎给中国乳制品行业造成了致命的打击。

第二，标准化赋予企业生机。

有一个传统老字号，坚持老手艺、老做法，但是在标准化市场面前，很快被其他新兴公司超越，并被远远甩到了后面。为了改善这样的现状，这家老字号痛定思痛，聘请专家，将老手艺、老做法与标准化相结合，各取所长，走出了一条崭新的道路。后来，这家老字号不仅重新回到了行业领先位置，而且成为业内标准化的管理典型。如今，越来越多的商业银行网点，有着统一的招牌和形象，甚至在服务内容方面也有统一的标准。人们几乎无论去哪一家网点办理业务，都能享受到标准化的服务。

第三，标准化帮助企业发展。

有一句话叫“高标准、严要求”，就是说把标准定位高一点，对自己或者员工要求严格一点。笔者记得某银行的支行行长说：“如果我们的要求比标准高那么一点点，服务质量也会跟着高那么一点点。不要小看这一点点，它可以让客户明显感受到体验上的区别。”如今，许多企业采用“双标”管理。所谓“双标”，是以某个基础行业标准为起点，努力做到第二个标准。国内某知名轮胎企业，为了提高产品质量，直接采纳欧盟标准。因此，该公司生产的轮胎，在欧洲市场也有一定的竞争力。高标准、严要求给企业插上了腾飞的翅膀。从某种角度上看，标准化如同给一辆汽车装上四个质量极其好的轮胎，配上高标号、低污染的汽油，最直接的结果是延长了汽车的寿命，让汽车可以开得更远。

俄国作家契诃夫说：“对一切事情都喜欢做到准确、严格、正规，这些都不愧是高尚心灵所应有的品质。”遵守规则、坚守标准，不仅是一种做人的规范，更是一种经营管理之道。企业坚持高标准、严要求，才能确保产品质量和服务质量，才能更有市场竞争力。

师傅手艺决定产品品质

古代，某位富人想要建造一个祠堂，用来纪念自己死去的宗亲。于是，他打算找一群能工巧匠帮助他完成自己的这个心愿。

富人不缺钱，缺少的是相关人才。于是他公开招募工匠，并承诺如果帮其完成梦想，便赏金50两。50两黄金是相当大的一笔钱，甚至能够满足一个人后半辈子的生活。有一个从事20多年工作的老木匠看到了这个招募启事，便打算一试。幸运的是，这位老木匠应聘成功，成为祠堂建造的“工头”。

老木匠每天花费12小时在祠堂工地，凡是牵扯到木头建造的工程，他都亲自把关，甚至亲自上手雕刻。他不但工作认真，而且严格把关徒弟们的工作。一根木头如何设计，如何雕刻，雕刻用什么样的刀具，雕刻时应该注意什么……他几乎倾囊相授，将毕生所学传授给徒弟。他对工艺的把关十分严苛，稍有误差便要求重做。一个小小的祠堂，前前后后耗费了18个月，才建造完成。

富人验收祠堂的时候，发现每一个红木雕花在神韵上皆有不同，甚至连指甲盖大小的位置，也有细致的处理。富人非常高兴，当即奖励老木匠50两黄金，甚至还重重奖赏了老木匠的徒弟。

著名音乐人李宗盛参加了体育品牌新百伦的广告宣传片《致匠心》，在片中，他说过这么一番让笔者记忆深刻的话：“人要有情怀，有信念，有态度。所以，没有理所当然。就是要在各种变数可能之中，仍然做到最好。”一个人一辈子专注一件事，就能把这件事做好——这就是匠心。“匠心”也是人们当今提到频率极高的两个字，大国工匠的“匠人本质”便是匠心。著名纪录片《寿司之神》介绍了一位专注寿司制作的顶级厨师小野二郎，他能够把寿司做成艺术品，那些寿司俨然已经超出对食物的定义。匠心，有两层含义：第一层，匠人要有“气”，所谓“气”，就是一种精神意志；第二层，匠人要有“心”，所谓“心”，就是细心和爱心。还有一个决定因素无法忽略，就是经验。美国作家马克·吐温认为：经验是一种智慧，它会告诉人们，人们业已养成的习惯，很可能是一个令人讨厌的老朋友。失败是成功之母，经验是成功之父。经验并不是现成的，但是人们通过总结能够得到它。现实中，师傅的手艺源自他的经验，它可以决定产品的品质。

国内某商业银行有一位能人，这位能人不用借助验钞机就能够判断真假币。有一年，这位能人参加银行系统技能大赛，凭借自己的经验和判断能力，获得了第一名。为了普及验钞技能，这位能人成了一名银行业的技能培训师，三年时间内培训了数百名验钞能人。这些人在自己的岗位上，凭借自己的技能和经验，拒绝了一张又一张假币。他们甚至还参与破获多起伪钞案件，为整个银行和社会都做出了贡献。

什么样的手艺决定什么样的产品，粗劣的手艺只能制造出粗劣的产品，精湛的手艺却能生产出精湛的产品。2008 年韩国中央银行对全球41

个国家做过一个调查，全球有 5586 家老店经营时间超过 200 年，其中日本就有 3146 家。日本人追求“手艺”的极致，近乎到苛刻的程度，这从他们在精密仪器的制造上就能体现出来。手艺虽然不能进行复制，但是可以传承。手艺可以以“技能”的形式出现，也可以以“文化”的形式出现。追求“极致”，是工匠或师傅们的奋斗目标，能够奉献出最好的作品，甚至是令人惊叹的作品，让作品在客户手里得到进一步升值，这便是对“匠心”的最佳诠释。

匠心，还是一种追求。笔者认识一些管理者，他们对“管理艺术”有着极致追求。笔者记得某商业银行行长说：“管理者也是匠人，管理者的手艺就是管理本领。让管理变得细致、细腻，才能细微之处见真章，让管理有效。”传承这种“手艺”，就是对产品质量负责，对客户负责。因此，管理者要让这种师傅的“手艺”发挥到极致，才能在管理上有质的飞跃。

银行客户经理销售五步法

营销，是管理的一个重要课题。对于商业银行而言，引流获客，挖掘客户需求，把客户需求转化为销售业绩，才能给银行管理带来回报，从而促进银行发展。有些管理者甚至把营销当成银行管理中最重要的一个环节，他们认为做精做细营销工作，就是注重细节，体现精细化管理的精髓。如今，一个常用的销售方法是销售五步法，银行客户经理通过五步“层层推进”，就能够挖掘到客户的需求，取得客户的信任，从而建立起稳定的销售关系。

第一步，开场白既要诚实，又要引人关注。

做任何事情，都需要破冰开场。就像一场重要比赛前的热身，开场白能够抓住客户的心，不让客户一口拒绝，便是成功。比如，某银行客户经理见到客户时首先说：“感谢您对我们银行的信任，我能够为您提供怎样的服务呢?”问候语或者开门见山的问题，是较为常见的开场白。设计开场白，通常要坚持六原则：第一，要有礼貌，礼貌是一种尊重；第二，要有自信，自信才能给客户传达更为准确的信息；第三，要专业，对于银行客户经理而言，掌握与银行产品相关的专业知识是销售的基础；第四，要注意语速，语速既不能太慢，也不要太快，吐字要清晰，尽量使用普通话；第五，要有吸引力，开场白就要引出核心问题；第六，要言简意赅，废话连篇常常让客户反感，旗帜鲜明、简单明确才能体现专业。

第二步，拉近与客户的距离，建立信任关系。

有些人，对那些“客套话”无感，甚至生厌。笔者记得有一位销售员说：“为什么我们不能直接介绍自己的产品，而要笑脸相迎，讲一些与产品无关的客套话、恭维话?”事实上，拉家常、话天地的目的，就是拉近与客户的距离。通过“拉家常”来收获客户的友谊，这是一种沟通技巧，也是一种谈话本领。双方距离越近，客户越容易坦诚相待。客户能够对你坦诚相待，甚至不避讳销售话题，你们之间的关系便亲近了。在这一环节，销售经理要找到自己或银行与客户的共鸣，多用赞美的话语，满足客户沟通的需求。

第三步，借助提问，找到客户需求。

客户如果能够主动说出自己的需求，销售工作就简单多了。其实大多数客户并不知道自己到底需要什么。因此，客户经理需要借助提问进行一步步引导，以激发客户的需求。比如，有些客户经理会问：“之前您购买的理财产品收益率不错，是否还要追加投资？有一个或者服务产品能够带来不错的收益，您是否对此感兴趣?”通过引导，大多数客户会告诉客户经理，需要还是不需要。提问的技巧有许多，常见的提问技巧有开放式提问法和封闭式提问法。客户经理根据实际情况选择适宜的方法进行引导，会起到更好的效果。

第四步，根据客户需求，切入谈判主题。

客户有需求，就需要你提供满足需求的相关方案。常用的切入谈判的方法有许多，笔者重点介绍一下 FAB 法则。FAB 法则，就是属性、作用、收益法则。Feature，就是产品的属性、事实和相关数据。客户经理要将这些重要的产品信息介绍给客户，让客户心知肚明。Advantage，特指产品或服务的作用、好处。把产品的优势、好处介绍给客户，客户才能进一步了解产品。Benefit，是收益，即通过使用这个产品，客户能得到怎样的收益。比如，红木可以做成家具，不但能够使用，而且有升值空间。

第五步，将客户的需求转化为销售合同。

如果前面的工作做到位，这一步应该是瓜熟蒂落、水到渠成的。如果依旧存在问题，客户经理还要后退一到两步，重新做客户的思想工作。笔者记得一位银行客户经理的经验之谈：谈判到最后，要么更加谨慎，要么更加顺利。因此，销售人员要有耐心，始终如一。坚持到最后的才是胜利者。如果此时客户有签约意向，客户经理就要抓住机会，将客户的需求迅速转化为销售合同。

客户经理要坚持走好每一步，注重每一步的细节。只有这样，他才能把产品卖给客户，为企业或银行创造效益。

案例解析 1：美国的精细化公共交通

有一年，笔者去外地讲课。因为有公交车直达目的地，于是就打算乘坐其前往。车站人很多，有大人有小孩，有青年也有老人。

由于不知道公交车几点到来，笔者问旁边的一位年轻人："116 路公交车什么时候到站?"

年轻人说："我也不知道。平时是 10 分钟一班，但是我在这里已经等了快 20 分钟了，也没见公交车的影子。可能快到了吧，你耐心等等吧。"

于是，笔者开始了长达 30 分钟的漫长等待。公交车站送走了一波又一波人，等 116 路车的人，也已经越来越多，多到一辆公交车无法盛满这些人。好不容易盼到了 116 路车，但是车上面已经满员，即使强行往上挤，也挤不上去。无奈之下，笔者只能选择打车。

国内的公共服务被人诟病有两方面原因：一方面，车辆保有数量过多，行车路线过于拥挤，堵车、误点、延迟，已经成为家常便饭；另一方面，公共服务从业者由于受条件限制，并未完全形成一种服务意识，服务输出与实际要求存在一定差距。另外国内公共服务管理，管理方式、管理理念依旧相对落后，在服务内容、客情维护、时间观念等方面仍有提升空间。笔者有一位老同学，在美国工作生活十多年，他对美国公共服务的看法是：细节之处见真心！

细节一：美国公交车十分守时。

美国公交车的到站时间是非常守时的，甚至可以用“火车进站”时刻来形容。笔者的同学说，“极少因为堵车或者其他意外，而让你在站点多等10分钟，更不会出现公交车司机蛮横拒绝让你上车的情况。”另外，他还提到“公交车时刻表”。这个时刻表类似于火车时刻表，几点几分到达某个站，在站点停多久等都有明文规定。乘客完全可以通过这张表，选择自己需要乘坐的公交车和乘车时间。

细节二：工作日与节假日车次安排有区别。

美国人节假日几乎不出门，或者选择自驾出游野餐，而工作日对公交车的需求较为强烈。根据这一现状，美国公共交通在车次安排上有较大幅度的调整，比如周一到周五，每十分钟安排一车次；周六、周日，每一刻钟安排一车次。这样有“弹性”的车次安排，不仅解决了乘客的出行问题，而且节省了公共运营成本，是一举两得的经营管理办法。

细节三：美国公交车自带充值功能。

美国在公交车上安装了自带充值功能的投币箱，乘客不需要去充值点，完全可以在乘车过程中完成充值。另外，公交车的每一个位置都留有一根“拉绳”，乘客如果选择下车，在自己的座位上拉一下“拉绳”，司机就知道你要下车，便靠站停车。

细节四：针对弱势群体的细节设计。

美国的公交车有专门针对特殊人群设计的可以自动抬升的踏板。特殊人群可以将轮椅停在踏板上，司机一按按钮，踏板便自动升降，不需要借助人力，就可以实现自动上下车。对于老年人、孕妇、儿童，美国的公共交通也有专门推出的特色服务。另外，美国公共交通沿线，设有相对方便的公共厕所。而在国内，笔者见到过因沿途找不到厕所而尿裤子的情况。这样的细节，值得人们学习。

俗话说："细节决定成败。"企业要重视管理过程中的种种细节，把细节当成一个个可以发光、闪耀的点，如果能够点亮这些点，就能形成燎原之势，量变引发质变，管理价值也会因此得到倍增。

案例解析 2：零售巨头沃尔玛的管理之道

曾几何时，我国各地都有"百货大楼"，这些"百货大楼"可以说是当地的零售巨头。A 市也有一个百货大楼，20 世纪 90 年代就已经成为当地实力最强、零售商品最多的百货公司。后来，该百货公司为了适应市场新形式，便提出了改革。于是这家纯正的国有企业，摇身一变成为股份制公司。

企业改制了，在管理方面理应更加有效。但是这家百货公司的薪资分配依旧采取"大锅饭"制度，仓储、物流、归类、运营，依旧按照过去的管理方式进行运转。有员工说："每一次清理货仓，都有大量商品破损或者过期。在产品定价、促销等方面，这里也远远落后于其他百货商。"

正因如此，这家曾经的零售巨头，人气越来越低。许多顾客把"百货大楼"比作菜市场：管理差，卫生条件也不好，夏天没有空调开放，甚至连导购员也无精打采。最后，这家地方零售巨头宣布破产，卖场被其他企业收购，并被改造成私家广场。

这家百货公司与其说是市场的牺牲品，倒不如说是管理落后的牺牲品。而世界零售业巨头沃尔玛则不同。沃尔玛创始人山姆·沃尔顿在《富甲美国》里表示：找准定位，然后做到极致。其中“极致”二字，恰恰说明了沃尔玛的管理者在精细化管理上所做出的成绩。沃尔玛的成功得益于以下几点。

第一，清晰的发展规划。

有一个著名的调查：50% 的人从来没有人生目标，30% 的人只有短暂而模糊的人生目标，15% 的人有较为长远的人生目标，只有 5% 的精英有短期和长期相结合的人生目标。一个优秀的企业，一定有伟大的奋斗目标和清晰的发展规划。20 世纪 70 年代，沃尔玛在创建伊始，仅仅是另一个零售巨头凯马特的 1/45，是一个经受不住大风浪的小企业。但是这个小企业有掩饰不住的野心。后来零售巨头凯马特因为盲目扩张而走向了覆亡之路。沃尔玛却始终坚持自己的脚步，一路稳扎稳打，采取“成本领先”战略，逐渐将资源进行整合，形成了一种强大的竞争力。因其采购成本低，产品销售价格低廉，沃尔玛逐渐赢得了客户，占领了市场。

第二，高效的物流配送系统。

物流配送是零售行业的“循环系统”，一旦物流配送出现问题，循环系统就会遭到破坏，从而严重影响到企业的发展。沃尔玛意识到了这个问题，于是加强物流配送管理。为了实现全球范围内零售产品的快速上架，沃尔玛不惜斥资 4 亿美元发射商业卫星为整个物流系统服务。另外，沃尔玛还将物流配送系统与信息系统相结合，形成一个高效的自动化配送系统。这个系统不仅运行稳定高效，而且大大降低了物流配送成本。

第三，卓越的人力管理。

沃尔玛公司首席执行官大卫·格拉斯表示：是员工创造了沃尔玛的价值体系，而不是华尔街。管理者应注重培养员工，让他们做得比自己更好。所以，沃尔玛非常重视人才的培养和人力资源管理。沃尔玛通过实行“一人身兼多职”的方法，不仅调动了员工的工作积极性，而且大幅度降低了人工成本。一个人胜任两个角色，领取一份半的薪水——对于个人而言，薪水得到了提高；对于企业而言，降低了总的薪水支出。

第四，良好的企业文化。

沃尔玛能有今天的成功，是良好的企业文化熏陶的结果。沃尔玛有三条非常有代表性的成功法则。第一条，顾客是上帝。满足顾客需求，给顾客创造超值体验，一直是沃尔玛孜孜以求的奋斗目标。第二条，尊重每一位员工。就像前面大卫·格拉斯的观点，员工才是价值体系的创造者。尊重员工，就是尊重企业的价值体系。第三条，每天追求卓越。就像一位管理者所言：如果每天进步 1%，一年 365 天累计下来，就是一个奇迹。在这样的环境下，沃尔玛将精细化管理体现在各个环节上。

沃尔玛的成功，恰恰是精细化管理的成功。因此，我国的企业、商业银行，更应该学习沃尔玛的先进管理经验，坚持走精细化管理之路。

案例解析 3：中西方快餐对比

快餐在餐饮行业占据了很重要的一部分，每天都有大量人群消费快餐。快餐种类琳琅满目，有中式快餐，也有西式快餐。中式快餐比较有名的有兰州拉面、永和豆浆、真功夫等，西方快餐比较有代表性的有肯德基、麦当劳、德克士等。快餐业作为一种服务行业，与商业银行的服务有相似的特点。通过对比中西方快餐不同的服务，商业银行管理者可以学习服务与管理的精髓。

第一，中西方快餐在地点选择上略有不同。

中式快餐在门店选择方面，大多数选择房租较低的区域，少部分选择人流量大、房租较贵的地点。而西式快餐往往会选择房租较贵的闹市区域，甚至开在最繁华、人流量最大的地点。有人说，有商超的地方，就有肯德基。对于商业银行营业网点而言，选择合适、合理的位置，也是非常关键的。如果把网点设立在人流量较大、周边固定人群较多的地点，就会吸纳大量人群前来办理业务。

第二，中西方快餐就餐环境有所不同。

一些散落在城市街头的中式快餐店，面积大多在 30～50 平方米，里面简单摆放 6～10 张桌子供消费者就餐。门户大开，吃剩的碗筷随意丢放，就餐环境堪忧。而西式快餐，比如肯德基，虽然拥挤，但是桌椅摆放整齐，光线充足，24 小时空调为顾客提供舒适的就餐环境，甚至连厕所都非常干净卫生，快餐店的大门永远是关着的，尘土不会因此进入店内而影响到顾客的就餐心情。当然，现在许多连锁中式快餐品牌也在走西式快餐干净、卫生、标准化的模式。对于商业银行而言，为客户提供干净、优雅、便利、温馨的服务环境，是非常重要的。

第三，中西方快餐在菜品出品环节有所不同。

人们通常用“百店百味”来形容中式快餐，即使是同一个连锁品牌，出品的菜品味道也存在差异。西式快餐则可以用“百店一味”来形容，在哈尔滨吃到的新奥尔良鸡腿堡与在深圳吃到的新奥尔良鸡腿堡是同样的味道。不难发现，西式快餐完全走一种标准化模式的经营策略。从采购、配送、加工、制作、配方，到温控时间、服务，都按照一个科学流程进行管理。中式快餐大多缺少这样的流程，它通过心传或者口传经验的方式，实现菜品口味的相对一致。国内大多数商业银行拥有众多分支银行，同样需要一套科学、规范的管理流程，借助标准化管理模式，打造银行品牌。

第四，中西方快餐人性化、体验化有所不同。

对于许多人来说，中式快餐厅，就是一个就餐的地方，没有提供任何其他方面的体验。笔者多次在中式快餐厅消费，许多中式快餐不提供厕所和免费自饮水等。西式快餐，以肯德基为例，不仅提供干净卫生的厕所，而且有专门为儿童设计的就餐椅、娱乐区等，顾客一方面可以快乐就餐，另一方面也获得了丰富的消费体验。值得注意的是，西式快餐所提供的服务，也是标准化的。员工身穿统一的工作装，言谈举止经过统一培训。因此，无论走进哪一个城市的哪一家门店，消费者都能够享受到同样规格的服务。中式快餐在服务理念传达方面落后于西式快餐。

第五，中西方快餐在餐饮、食品定位方面存在差异。

西方快餐主要定位于“休闲餐饮”。何为“休闲餐饮”呢？就是提供服务和简单休息的场所，它所推出的菜品并未以“充饥”为目的，比如冰激凌、饮料、点心、汉堡等食品，均不是常规的正餐菜品。中式快餐则完全不同，它的定位就是“餐饮”，以“充饥”为目的，比如推出面条、米饭套餐等。可喜的是，如今越来越多的中式快餐也在走“轻餐饮、重文化”的道路，结合西式快餐的管理优势，走一条适合自己发展的特色之路。商业银行是一个综合性“金融服务机构”，既要提供“刚需产品”，又要提供“休闲产品”，重视文化与服务相结合，才能走出一条特色经营之路。

虽然我国中式快餐落后于西式快餐，但许多餐饮品牌也在慢慢尝试流程管理、服务标准统一、轻餐饮重体验的经营策略。我国商业银行网点在经营方面，似乎也在走这种统一、标准化的发展模式。由此可见，西式快餐的管理优点和成功经验，是非常值得国内银行去借鉴学习的。

第四章

中国商业银行的精细化管理现状及发展

如果用“尴尬”二字来形容中国商业银行的管理现状，那么与之对应的则是一种“危险”。在一个迫切需要改革创新的时代，商业银行的管理者只有丢掉思想包袱，轻装上阵，才能闯出一条成功的道路。

中国商业银行发展现状

过去，银行给人们的感觉是很高傲的，任何人、任何企业，都有求于银行。

如今，银行的光彩黯淡了许多。市场经济下，许多类银行机构也能够提供与银行相似的业务，比如存款、贷款、理财、投资等。甚至许多人通过购买 App 理财产品，获得了更加丰厚的回报。这些类银行机构，不但服务好，而且始终把客户当成上帝去对待。人们有了更多的选择，就把银行“晾”在了一旁。久而久之，银行业绩开始缩水，以至于到了工作人员必须亲自跑市场、跑销售的地步。所以，如今大多数商业银行主动去找自己的“奶酪”。市场经济下，必须按照市场规律办事，才能持续发展。

有人说：“成长往往都会伴随着阵痛。”就像一个儿童的成长，常常要付出一定的代价。对于商业银行而言，这样的成长代价往往是管理问题所造成的。那么我国商业银行的发展现状到底如何呢？

第一，银行监管不到位。

不到位有二个意思：一是国家在银行监管过程中，尚未完全形成一个有效的，能够涉及信用风险、操作风险、合规风险的管控体系，因此商业银行游离在监管范围之外，容易让商业银行遭受到“三大风险”的袭击。二是银行自我监管不到位。尤其在道德风险的管控方面，许多银行正在经历社会道德、社会底线的考验。如果管理者不能够建立严格的防控制度，将严重损害商业银行的形象和利益。

第二，产权制度尚未建立。

商业银行到底属于国家、集体还是个人？许多人存疑。在我国，国有商业银行归国家所有，背靠国家信用行使自己的社会职能。但是，我国的国有商业银行却没有明确的产权制度，更没有明确的所有者权益要求。因此，许多商业银行面临着人为操作风险、各类腐败的侵蚀。有一位商业银行行长说：“缺乏制度，责权不清，是内控问题频发的主要因素。”因此，只有建立并健全产权制度，才能从根源上解决问题。

第三，管理粗放且效率低下。

新常态下，提倡精细化管理，这是根据当下商业银行的管理现状所提出的。由此可以看出，我国商业银行依旧采用一种粗放式的管理模式。这种管理模式，管理效率低下，责权不明，易导致相互之间的推诿扯皮，不能形成连续有效的运行机制。注重“个人英雄主义”，不注重团队建设。管理方面，严重依赖管理者的“权”和“手”，这与现代银行借助流程和体系管理运行的管理模式有根本区别。

第四，从业人员的素质普遍不够高。

大概两年前，笔者去某省商业银行从事培训工作期间，了解了该商业银行从业人员的相关从业经历和学历信息。令人震惊的是，这样一个需要对社会发展承担重要使命的金融机构，依旧有三分之一的从业人员是大学本科以下学历，仅仅只有极少数的从业人员是大学本科金融专业出身。俗话说：“没有金刚钻，别揽瓷器活。”虽然许多商业银行已经意识到这个问题，但是想要完全解决从业人员的素质问题，还需要大量的时间。

第五，自身创新力不足。

人们可以用“坐吃山空”来形容当下商业银行的发展。许多商业银行的管理者思想保守，甚至坚持认为，家底厚吃不完。事实上，市场体系下，这样的“老本”是毫无意义的。改革就意味着“推倒重来”，创新就意味着要打破传统的旧思维、旧观念。因为缺乏创新，许多商业银行面临发展的难题。如果它们不能坚持改革，恐怕就会被市场淘汰出局。

对于我国商业银行的发展现状，笔者用“危险与机遇并存”这句话来概括。除了以上五点，我国商业银行还面临着技术升级难、产品业务单一等问题。管理者只有认清现状，采取有针对性的方式方法，才能帮助银行脱离困境。

中国商业银行管理现状解析

商业银行，最大的特点就是“商业”二字。在过去，我国的传统银行并不能叫商业银行。随着商业环境日趋稳定，商业市场越来越成熟，银行入市之后，就变成一种市场化银行，也就是商业银行。商业银行的概念，起源于20世纪初的意大利，但是兴盛于美国。商业银行作为重要的金融机构，它在信用创造、经济调节等方面，发挥着不可估量的重要作用。随着中国市场的开放与繁荣，商业银行似乎都在积极寻求转变，以适应当前的市场形势。那么当下，中国商业银行还面临着哪些管理难题呢?

第一，面临资产不良、收益率低的难题。

由于我国尚没有健全行之有效的银行监管体系，商业银行在经营管理方面受到的干扰是非常多的。在宏观经济环境下，有一些企业，处境艰难，只能通过关系，靠银行的贷款生存。如果企业破产，贷款就会变成呆账、坏账，直接影响到银行的收益。因此，部分商业银行出于自保，甚至背弃“信用”，而采取强力回收政策。这样一来，给银行造成收益与形象的双损害。

第二，面临管理制度规范难的难题。

有个成语叫“破茧成蝶”。只有敲碎外面的壳，才能凤凰涅槃，迎来重生。但是，“敲碎外壳”，往往带来疼痛，甚至还会触碰到权益者的利益。我国许多管理者把“权力”看得很重，总是把个人利益摆在最前面。如果某些改革触及他的利益，就会受其阻挠。新政无法落实，管理制度无法得到规范与完善。在这种管理环境下，管理者的管理带有较浓重的个人色彩，管理也会主观意识化。

第三，面临管理支出费用居高不下的难题。

如今，许多银行管理者面对居高不下的管理支出费用叫苦不堪，似乎没有好的应对之策。银行管理支出费用，主要是两大部分：第一部分，银行从事经营活动所产生的成本费用；第二部分，银行从事运行管理过程中所产生的其他费用支出，比如设备升级、员工工资发放等。由于我国大多数商业银行纷纷采取“网点复制”的策略，大量赘余的银行网点和从业人员，就像沉重的砝码一样，不断增加管理支出，严重阻碍了商业银行的发展。

第四，面临缺乏科学规划的难题。

规划，并不是随意脱口而出的一句话，而是根据市场相关数据，再经过充分的调研，从而得出的科学结论。或者说，科学规划就像一个“阶梯”，沿着这个“阶梯”一步一步地走下去，才能实现伟大的目标。国内的商业银行，大多缺乏这种科学的规划，没有这样的规划，就无法在长期经营中坚持正确的方向指导。与国内商业银行相比，欧美发达国家的商业银行因为有着清晰的目标规划，在经营方针、产品定位、服务定位、深挖市场需求等方面，都有着明显优势。

第五，面临混合经营风险识别的难题。

如今，许多商业银行都在做大、做全自己的业务。比如，有的银行将经营“触角”伸到投资、保险等行业，似乎有“一统江湖”之势。但是这种混合经营的风险，要远远大于单一业务的经营风险。例如，某生物公司跨界进入科技行业，不但没有“并联”上市，反倒遭遇科技风暴，而濒临破产。20 世纪 30 年代，美国爆发经济大萧条，其原因就与金融混业经营有关。因此，商业银行要小心这种混合经营的风险，尤其在缺乏相关经验指导的前提下，更要小心求证，不要盲目进行混业经营。

另外，国内商业银行还面临着智能时代的风险控制压力。随着智能时代的到来，商业银行还要对相关设备进行升级换代，对相关风险管控人员进行定向培养。时间紧，任务重，甚至在短时间内，许多银行依旧无法适应智能时代的市场体系。或许只有通过分析、探索，我国商业银行才能找到一条适合自己的发展道路。

商业银行精细化管理的思考

细节决定成败，细节能够成就一个人，也能成就一个企业。凡事都要做精、做细，重视每一个环节、每一个点。细节决定效益！

广发银行前行长利明献在“2015 银行业发展论坛”上表示：自己觉得精细化转型非常重要，要根据风险来定价。现在国内的银行大部分都是国有控股，所以基本上在经营形态、战略形态和服务形态方面有整体的指导。但是在市场化、国际化、综合经营的大环境下，最重要的环节是你的资产怎样做理性定价——答案是根据风险的评价来做定价。当然大家在过去几年一直谈的融资难、融资贵的问题也不是不能解决，其实现在融资的渠道非常多，很多银行转向小微企业贷款，重点是你是什么类型的客户就该付什么样的价格，这也是银行能够持续稳健经营的非常重要的关键，经营的本质是，你是不是在了解这里面风险的本质、风险的内容后再来做这个定价。所以这样的话，好好算一下，银行的产品收益、资金划拨的收益，经过这些调整——信贷成本调整、资金成本调整、获客成本调整、服务成本调整、资本调整——之后产品怎么样，这是一个迈向精细化转型、保障利差的不二法。

利明献的观点，既有分析，也有思考。精细化是一个全方位的概念，它并不仅仅局限在一点。它涵盖决策和执行，其中包括战略管理、资源配置、营销管理、人员优化、风险控制、产品研发、设备升级、数据分析、新技术开发等，通过推行精细化管理，每一个“模块”都能产生积极作用。就像一块精准走时的机械表，每一个齿轮之间都能够充分衔接，相互借力，形成一个完成的、配合默契的系统……而这，便是精细化管理的最终形态。

首先，精细化管理是一个量化的概念。比如，某银行推进精细管理，要有一个长效和短效结合的目标，这个目标不是一个虚数，而是一个实实在在的数字。银行将这个目标进行具体分解，并分配给每一名员工。每一个环节，不管是计划、任务量，还是完成的进度、百分比，都有一个具体量化的数字。就像拿着一个精确到毫米的皮尺进行工作，每个阶段都要进行丈量。这个看似复杂的做法，才能让人真正做到胸中有数，从而提高管理的精准度。

其次，精细化管理是一个战略概念。比如银行销售，精细化管理就是让银行坚持以客户为中心，提供满足客户需求的服务，并且通过深挖客户需求，实现银行业绩增长。这里也有针对客户的“三个维度”的管理：第一，把客户当成“稀缺”资源，既要有序开发，又要进行合理保护；第二，通过服务，提升客户体验，让客户享受超值服务；第三，充分利用资源做好“客情关系”维护工作，管理客户的“满意度”和“忠诚度”。做好、做细、做扎实这“三个维度”的管理，就能最大限度地做好销售。“三个维度”的管理，同样是一个战略概念。

最后，精细化管理是一个简化管理结构的工具。笔者发现，许多银行的“决策—执行”链条过长，中间环节太多。就像一个链条机，如果链条太长，传输过程中的不确定因素就越多，摩擦力就越大，传输效率也就越低。精细化管理可以理顺并解决“链条长”“执行慢”的问题，通过优化、删减冗余环节，化解结构性或功能性矛盾，改造并完善管理机制和管理流程，从而大大提高执行效率。

精细化管理，就是将管理当成一块“试验田”去精耕细作。民生银行董事长洪崎认为：对银行来说，要保持它的竞争，保持它的盈利，保持它的资本收益率，它必须进行精细化经营才行。

银行管理薄弱的六大原因

有一个年轻人，他希望有朝一日成为有用之人。因此，他努力学习，拼命工作，甚至还坚持学习法律，加强自己的职业水平。后来，此人成了某公司的一名干部，有了令人羡慕的薪水和权力。而此时，这个人也开始面临连续不断的各种诱惑，有权力的诱惑、金钱的诱惑、美色的诱惑……在诱惑面前，他动摇了。后来，这个人被“双规革职”。与其说是欲望导致的错误，倒不如说是此人意志力薄弱、自我管理不严。有时候，一个企业也会因管理薄弱而陷入困境。记得有一位企业家说：“管理是企业的根，管理得好，根就扎得深，管理不好，企业就有可能被连根拔起。”因此，管理者只有找到存在的管理问题，才能对症下药，做出改变。笔者认为，我国商业银行管理薄弱，有以下六大原因。

第一，与市场接轨的时间尚短。

时间是一个好东西，就像一个人，成年时期比童年时期要有更多的生活经验。我国商业银行进入市场的时间，还是比较短的。具体来讲，中国加入WTO（世界贸易组织）之后，中国的商业银行才陆陆续续与市场接轨。对于商业银行而言，在短时间内适应市场，成为市场“领头羊”是非常难的事情。打造一个强大的商业银行帝国，或许需要30年的时间。因此，管理薄弱这一问题，与缺乏成熟的管理经验有关。这种经验，需要时间的积累和沉淀。

第二，缺乏必要监督。

一些商业银行网点，通常都是行长一人说了算，监督权、管理权集中在一个人的身上，因此就容易诱发腐败。如今，许多商业银行意识到了这个问题，希望通过建立强有力的监督机制，督促管理者去做有利于银行发展的管理工作。

第三，管理手段太过保守。

许多管理者，到了临近退休的年龄，会采取一种“老好人”的管理方式，不得罪人，不触碰他人利益，甚至能不管则不管，能放羊则放羊。激进有效的管理，往往是“年轻人”的专利。笔者记得有一位银行网点管理者拍着大腿说：“银行是一个与钱打交道的单位，管理就需要谨慎一点、保守一点。”谨慎是好的，保守却不好。尤其在复杂的金融市场面前，加强刚性与柔性相结合的管理，才是商业银行的出路。

第四，缺乏管理人才。

我国银行的人才大多数是根据工作表现进行选拔的。但是，也有一些银行的人才选拔是“灰色”的、不公开的、不透明的，甚至是论资排辈，谁关系硬谁走在前面。管理者不能把管理当成一项业务，而要把管理当成企业发展的血脉。因此，培养金融管理人才，靠“专业”解决管理，是未来商业银行的重要课题之一。

第五，文化根基薄弱。

管理是手段，文化是载体。如果缺乏企业文化，管理也会显得有心无力。值得庆幸的是，如今许多银行都在筹建自己的银行文化。比如建设银行，通过加强文化建设来提高银行的核心竞争力。如果缺少文化，管理职能只依赖于制度、法规，无法让人们产生一种“自觉意识”，有了文化，人们才能形成这种意识，并用这种意识去规范自己的工作行为。

第六，缺少管理专注度。

这是一个看“效益”、看“数字”的时代，如果没有出色的业绩，许多银行管理者的心态就会失衡。事实上，缺少管理的专注度，也是导致银行管理薄弱的重要原因。管理者不能把所有的精力放在管理上，而应将更多的精力放在市场环境、销售数字上。就如同老农种地，如果没有付出100%的精力，这块地的产量就不会达到峰值。

因此，银行管理者需要提高管理专注度，构建银行文化，多为银行定向培养管理方面的人才。只有这样，管理者才能加强相关管理，保证银行健康成长。

银行管理薄弱的八大表现

某钢铁企业，前几年因为盲目增产、扩产，产量虽然创下历史新高，但是利润严重下滑。最惨淡的时候，该企业每个月有数千万元的亏损额，产量越大，亏损也越大。

为了改变这种局面，该企业管理者采用控制产能的方式止损：两套炼钢设备，一套正常运转，一套停产检修。停产设备线的员工，没有合适的后续安排，只能让其轮流休班，工资只发放50%。另一条生产线上的员工，工作正常，工资依旧100%发放。后来，许多员工内心不平衡，然后组织起来抗议，希望通过这种方式施压，逼迫企业管理者做出让步，给予100%的工资发放。

这家钢铁企业被迫做出调整，采用两套设备轮流生产、检修的方式，去寻求所谓的“平衡”。这个方法不但没有解决问题，甚至还导致大批员工罢工。该企业管理彻底瘫痪，无奈之下只能调整管理岗位人员。

有一位企业家朋友曾向笔者诉苦：“管不住人可怎么办？难道要管理者亲自上阵吗?”这种无奈、悲哀，许多管理者都遭遇过。员工不听话，任务落实不到位，甚至许多敏感的管理方面的事情，管理者还要与员工进行集体商讨，这完全脱离了管理的本质。管理薄弱对银行的影响是非常大的，它直接的表现有以下八大方面。

第一，管理质量差。

所谓管理质量，也就是管理效果。优秀的企业，总会给人一种“正规军”的感觉，纪律严明，团队团结，“作战”勇猛，善打硬仗，总能够取得胜利。管理质量差劲的企业，总会给人一种“杂牌军”的感觉，纪律不严，不善于攻坚克难，团队缺乏向心力，无法体现队伍优势，甚至在“作战”过程中，彼此推诿扯皮、不负责任。管理质量差的另一个表现，就是无法落实责任。

第二，工作不深入。

管理浮于表面，就是只抓表面的东西。有些银行管理者认为：组织纪律的重要性高于经营管理。如果不遵守纪律，一切等于零。事实上，严抓纪律，反倒让员工讨厌纪律。这种看似很严苛的管理，其实是一种“跑偏”的管理。管理浮于表面，没有抓住本质，便会导致执行工作不深入。

第三，没有积极性。

许多企业的管理模式是比较粗放的，比如一个银行网点，除了行长之外，只有几个人。因此，这种“家庭单位”式的网点更加考验管理者的管理水平。甚至有一些管理者，直接采用“平均分配”的原则，不论工作多少、贡献大小，员工的工资待遇都是一样的。没有绩效管理，不能拉开个人与个人之间的差距，就会影响到员工的工作积极性。

第四，工作不系统。

许多工作分配下去之后，总会给人一种很别扭的感觉。不仅管理者觉得别扭，执行人也觉得别扭。这就是一种缺乏管理系统的表现。许多银行，更倾向于直接借助“权力”去施压，靠“官大一级”逼迫员工工作。事实上，这种方式远不如制定有效的工作机制。

第五，员工能力有限。

一个企业，没有笨员工，只有懒惰的员工。从某个角度讲，员工能力不足，是自己不思进取的结果。但是站在管理角度去看，是管理者没有给员工搭建培训平台所致。许多银行发展面临瓶颈了，才考虑人才培养问题，但为时已晚。

第六，监督失效。

笔者发现一个有趣的现象：许多银行的监督部门，由管理者兼任；还有银行，根本没有监督部门。也就是说，领导、员工做错了事，只有惩罚措施，而没有相应的预防机制。而监督的最终目的，是预防管理错误，让管理者和员工养成一种良好的工作习惯。

第七，有悖企业发展观。

一个健康的企业，其成长过程是按照核心价值观和企业发展观的价值曲线前行的。如果一个企业管理不到位，或者没有明确的企业发展观，管理与执行就会脱节。

第八，没有激励制度。

过去许多企业采取“大锅饭”的分配制度，员工工作敷衍了事，甚至还有些人在工作期间“身兼多职”。笔者认识某企业一位中层干部，他业余时间“赚外快”，看似非常忙碌，但是分配在原公司的精力，又有多少呢？没有激励制度，将会大大影响企业的市场竞争力。

企业管理薄弱，相当于一名“抵抗力”差的老人，稍有不慎便有“生病”的危险。只有加强管理，一个企业才能重新焕发生命力。

银行管理薄弱的四大影响

决策与执行是管理的两大任务，决策意味着方向，执行意味着落实。过去，许多企业面临的一个管理问题是决策与执行容易发生冲突。一旦冲突加剧，企业就会瘫痪。

有一个化肥厂，建立于20世纪70年代，已有40多年的建厂历史。按理说，这样的经历过无数次大风大浪的企业的负责人，在决策管理方面，应该更加老练。该化肥厂的厂长刘某，是一个阅历深、管理经验非常丰富的人。但是，他在企业面临转型时，拿不出相应的好办法。

许多企业有一个通病，如果经营上不了台阶，便严控各种纪律条文。这家化肥厂也是如此。刘某几乎每天早晨7点半，就会通过喇叭口头传达企业精神。几乎每一周都有各种文件下发。据一个部门的工作人员说，去年一年，大大小小各色有关组织纪律的文件有60多份。

即使如此，该企业人浮于事的现象依旧非常普遍。优秀的、有能力的员工大量流失，剩下的“精英”每天疲于应付各类文件，无暇顾及本职工作。因此，这家化肥厂不但没有转型成功，而且连年亏损，深陷破产泥潭。

后来，这家化肥厂破产重组，被南方某家大型企业收购。化肥厂调整了管理班子，严格遵循科学化、精细化的管理模式，短短一年时间内就实现了扭亏为盈，这不得不让人深思。

目前，部分商业银行也面临这样的管理难题。管得紧，影响市场准入；管得松，容易导致管理失控。不管是紧还是松，都是一种管理薄弱的体现。就像一个学生，没有找到合适的学习方法，不论是贪玩还是苦学，都不可能取得好成绩。那么银行管理薄弱，会造成哪些直接影响呢？

第一，管理水平上不了台阶。

管理水平的高低，直接决定银行效益的好坏。管理水平如果迟迟得不到提高，就会严重影响到银行的盈利水平。笔者记得一位企业家所言：如果无法提升管理水平，企业就会遭遇瓶颈。因此，许多银行在遭遇发展瓶颈时，会借助外聘“智囊团”进行相关援助。但是，这种嫁接管理模式，只能短时间发挥作用。因此，管理者还是应该与时俱进，提升自己的管理经验。

第二，管理效果不明显。

有一个企业，效益下滑濒临破产。企业董事会成员多次协商，给出管理方案。经过多次管理调整，效果并不明显。效果不好的原因有三个：一是管理方案存在问题；二是对企业的诊断存在误差；三是企业病入膏肓、无计可施。事实上，不论是哪一种原因，至少有两个是管理不到位所导致的。许多银行管理者，鞍前马后忙活了半天，管理局面始终得不到改善，就应该重新评估管理方案。

第三，发展严重滞后。

可以用“原地踏步”来形容一些发展滞后或者是“不思进取”的银行。笔者记得某企业，十年前销售额是一亿元，十年后的销售额依旧是一亿元。十年没有变化，其实这意味着严重缩水。许多商业银行网点，除了维持“老客户”关系之外，许多年都没有开发到新客户。没有新客户，就没有新鲜血液注入。错过了最好的发展时机，未来的管理路途将会更加凶险。

第四，管理与经营严重脱节。

如果管理与日常经营脱节，管理水平跟不上实际经营状态，就会严重制约银行的发展。如今，许多商业银行开辟新战场，投入大量人力、物力、财力，试图在新常态下有所转变。如果依旧延续落后的管理模式，银行发展就会“减速”。因此，管理与经营同步发展，才能让银行有发展的动力。

商业银行的管理者们应该注重管理与经营相结合，不断提升自己的管理本领，注重外在形象的同时，还要抓紧时间修炼“内功”。只有这样，才能让管理有效。

银行大客户开发存在的问题

银行产品销售员小吴，有着很崇高的人生理想。他希望通过自己的努力，为银行创造销售奇迹。因此，他吃苦耐劳，积极参与任何与银行产品相关的活动。

有一次，他约谈了一位中小企业主，希望这位客户能够购买银行的理财产品。他说：“如今经济环境不是很好，真正能够实现理财增值的，也就只有银行理财产品!”小吴向客户认认真真地介绍了一遍各类理财产品的特点，最后问客户：“你对我们哪一款产品感兴趣?”

结果这位中小企业主站起来，对小吴说：“我对贵行的所有产品都不是很感兴趣。另外我想问你，国家经济环境不好，也就意味着所有行业都要面临危机，你帮我分析一下，我的企业下一步要如何转型?”

此时小吴才意识到，自己的讲话方式、沟通技巧存在很严重的问题。目的性过强，或者主观意识太强，都会令客户感到反感。后来，这位中小企业主离开了这家银行，跑到街道对面另一家商行网点继续咨询相关业务。

大客户是商业银行的“上帝”，如果失去了大客户，商业银行的发展就会蒙上阴影。许多商业银行有针对大客户设计的“大客户管理”策略。比如，通过给大客户定制产品和服务，满足大客户的相关需求，为大客户带来增值，从而提升大客户的满意度和忠诚度。大客户还是商业银行的“衣食父母”，银行通过大客户获得充足资金，然后将这些资金投放到其他客户或者投资上面，形成一个生态循环链。如果把银行比作水渠的河床，大客户就是水渠里的水。有一个银行行长说：“银行与客户的关系，是鱼与水的关系。”虽然绝大多数的商业银行重视与大客户之间的关系，但是在开发大客户的过程中，也存在着不少问题。

第一，过度“以产品为中心”的销售依旧存在。

一些客户经理姿态很高，向客户解释，过了这个村就没有这个店，让客户珍惜这次机会。事实上，如今不是供方市场，而是需方市场。如果不能及时转变过度“以产品为中心”的销售模式，就会让销售工作举步维艰。

第二，不能真正提供个性化服务。

重视大客户，某种程度上要将大客户与普通客户区别对待。就像宴请，对待贵宾，宴请的标准、规格自然要高，服务自然要好，甚至还要提供有特色的服务，以提升客户的体验。事实上，许多商业银行只是粗略地划分出大客户、VIP 客户、普通客户、临时客户，并没有相对应的服务内容和服务项目。如某大客户要求客户经理落实 VIP 服务时，客户经理竟然回答：“我们银行没有相关安排。”客户得不到好的体验，就会选择另一家银行。

第三，严重依赖客户经理的大客户开发渠道。

银行最重要的一项销售工作，是进行引流获客。如果一家银行的大客户营销仅仅借助客户经理的一双腿和一张嘴，这样的销售渠道无疑是过于狭窄的。当下许多银行采取“全员营销”的策略，言外之意就是银行所有的工作人员，从上到下，从领导到员工，都是一名银行销售员，销售业绩完全可以纳入“绩效考核”。这样做，还可以防止由于大客户经理的流失而损失大客户的局面出现。

第四，缺乏“银行—大客户”风险共担机制。

从某个角度讲，大客户是银行的命运决定者，可以给银行带来收益，也能够将银行推向破产。许多商业银行网点，都吃过这种被大客户“抽空”的亏。因此，建立“银行—大客户”风险共担机制，就是让客户与银行的合作共赢关系变成一种“有福同享、有难同当”的关系。关系的转变，对银行的未来发展有巨大影响。

除此之外，我国部分商业银行还缺少公关手段创新，千篇一律的营销方式让大客户感到疲倦。因此，各大商业银行仍要摸索经验，多听取客户的反馈意见，根据客户要求及时做出营销和服务转变。

银行推广精细化管理的困难因素

笔者记得有一位企业管理者说：“改革是良药，但‘苦口’。许多管理者害怕‘苦’，便不再继续尝试改革。”在一个银行推行新的管理办法，并不是那么容易的一件事。

有一位企业管理者，刚刚接手一个濒临破产的公司。这个公司组织结构混乱，因为无法按时发工资，员工的工作积极性也比较差。为了推行新政，这位企业管理者无奈将手伸向银行。

工资要发放给员工，否则执行力的问题就解决不了。为此，这位企业管理者费尽心思，从银行贷款出来，解决了员工的工资问题。这家企业的人力资源结构也存在非常大的问题。年轻人太少，中壮年太多；高学历者少，低学历者多；高学历者有相当比例的人从事基础工作，低学历者也有相当比例的人从事管理工作。在这种混乱的资源配置下，推行新政依旧是难上加难。

为此，该管理者提出三个五年计划。第一个五年计划，实现企业转型；第二个五年计划，实现企业产值倍增；第三个五年计划，考虑上市。计划虽好，但是诸多现实问题都无法短时间内进行解决。换句话说，这个公司已经病入膏肓、无药可救了。

对于银行而言，推行精细化管理的道路一定是不平坦的。它不仅要面临种种阻碍，还要克服资源匮乏、经验短缺的难题。笔者认为，当下银行推行精细化管理面临着五大困难因素。

第一，管理工具落后。

许多商业银行并不重视管理工具的开发工作，而是按照既往经验去管理。这种传统的管理模式，主要依靠管理者的权力推动，带有较明显的主观特点。当权力不能被有效监督或约束时，权力就会被滥用。现代化的管理工具，是与精细化管理相配套的工具，这种工具更像是一种流程和模板。它不需要借助权力，完全可以自主运转。如果没有管理工具或者管理工具严重落后，就会影响到银行的改革创新。

第二，资源过于分散。

许多商业银行执行一种跨界的、多元化的战略，这种战略，看似非常有雄心壮志，但是将自身的优势资源分散开来。集中力量才能做好一件事。资源分散了，力量也就分散了。资源过于分散，也就无法集中优势做好精细化管理的推广工作。

第三，低头干活，没有抬头看路。

笔者记得一位管理者说：“我们既要抬头看路，又要低头干活！”因此做管理，既要遵从正确路线，又要坚定不移地做好贯彻落实工作。如果两者缺乏其一，管理就会逐渐偏移、失效。

第四，组织机构建设落后。

有一些商业银行的管理者是非常有朝气的，希望通过管理实现银行的发展和人生价值的提升。但是这种朝气常常被落后的组织机构所打败。这就好比给一辆报废的老爷车安装一个跑车发动机，这辆车依旧跑不起来。因此，管理者只有改善精细化管理的推行环境，才能顺利实施新政策、新方案。

第五，缺乏原始数据。

不管是新政还是旧政，在推行的时候，都需要有一个参照物。比如，一个人买了一件新衣服，穿上之后需要照镜子，与之前的穿着打扮进行对比，才能判断这件新衣服是否适合自己。推行精细化管理的目的，就是让管理更加有效。但是现实中，部分商业银行，不注重保留原始数据，缺少了参照物，就难以判断精细化管理是否有效。

当然，管理者的管理水平和商业银行的内部环境，也会对精细化管理的推广工作产生影响。因此，管理者要认清困难因素，并逐一解决，才能为精细化管理铺设起成长的温床。

第二部分

精细化管理的认识与应用

第五章

精细化管理的“五个概念”

精细化管理不仅仅是简单管理，它体现在管理岗位、管理流程、管理制度、管理执行、管理标准五大方面。如果再细致一点，它要确保每一个执行环节都要完美无缺、不出问题。

精细化管理岗位

笔者认为，一个企业的岗位分配模式，是决定管理成败的关键因素之一。岗位设置不合理，角色分配不明确，就会导致管理失效。如今，社会分工越来越细致，这对企业管理者提出了非常高的要求。如果管理者不能及时做出转变，不能对岗位实施精细化管理，依旧采取粗放式的岗位管理，就无法实现人岗互动，无法调动员工的积极性，无法发挥企业人力资源优势，也将无法提高管理的执行力。

精细化管理岗位意义非常重大，主要有三点：①合理设置岗位，能让员工明确自己的工作范围和岗位职责；②能够有效结合绩效考核目标，提高员工的工作积极性；③为岗位设计提供科学有效的评估数据。由此可见，管理者应该坚持“以事定岗、以岗定人”的方式进行人力资源的统筹优化，既能发挥员工特长，又能保持岗位管理的严谨性。那么管理者如何才能有效设定岗位呢？

第一，根据工作设岗。

某商业银行在某区域成立新网点，新行长上任之初，就对相关人员进行安排。比如针对销售，有销售员；针对大堂，有大堂工作人员；针对高柜，有柜员……每一种工作对应一个岗位，每一个岗位都有相关人员。根据工作设岗，就像是“一个萝卜一个坑”。这种设岗，既简单，又有针对性。但笔者发现，许多管理者在实际中存在“私心”，采用一种根据个人喜好设岗的方法。这种设岗方法，既不讲原则，又没有按照科学的人力资源管理方式去设计。

第二，根据员工能力设岗。

因人设岗的现象非常普遍，但并不能完全否定因人设岗。笔者认为，针对尖端人才，依旧需要采用因人设岗的方案。比如，某商业银行聘请风险控制专家，专门设置风险控制部门，从而加强风控管理。另外，因人设岗的目的，是尊重人才、留住人才。因人设岗，并不是因某个人而设岗，而是因某个才能或者专项特长而设岗。让能力突出者出现在最适合自己的工作岗位上，也是一种因人设岗的重要表现。

第三，根据聘用资格设岗。

> 有一家私人企业，需要10名销售人员。因此，便由负责招聘的经理进行招聘。3天之后，该企业招到10名销售人员。这些销售人员，有的是刚刚毕业的学生，有的是刚刚从其他公司离职的其他岗位的员工，真正具备销售经验的人，只有3个。后来，这家企业老板总是对销售工作不满意，销售人员换了许多批，依旧达不到预期效果。

因此，商业银行的管理者在设岗之前，应该对相关岗位设定前提条件。就像加一道“筛选”设备一样，只有符合岗位聘任资格者，才能进行试岗、上岗。除此以外，聘任资格的设定，也是确保岗位职责有效的方法。比如，有相关证书和工作经验者，才能上岗。

第四，采取“人岗匹配原则”设岗。

笔者记得一位企业老总说：“员工与岗位之间，需要一种默契；如果存在这种默契，就是最好的。”人岗匹配，就是让最合适的人出现在最合适的岗位上。许多企业或商业银行采取“试岗”的方式，让新员工在新岗位上适应一段时间。如果表现出较好的适应性，就会继续留在新岗位长期工作；如果表现出不适应性，就会对其进行岗位调试，让其找到最匹配的岗位。

此外，管理者要根据岗位测评和绩效考核成绩发放工资。许多企业、银行采取的工资形式是“岗位工资 + 绩效工资 + 浮动工资”。所谓岗位工资，就是在岗位工作的人员，只要出勤率达到应发标准，就能够得到岗位工资。通常来讲，岗位工资占总工资的 60% 左右。所谓绩效工资，就是根据完成绩效目标的百分比进行发放，绩效工资占总工资的 30% 左右。所谓浮动工资，是指根据员工的岗位表现，比如超额完成任务、取得技能突破、满勤等，给予总工资的 10% 左右的浮动奖励。这样的工资发放方法，既能提高员工的积极性，又能优化岗位设定，让岗位工作更加有效。

精细化管理岗位，就是为了让管理职能更加简明、直接，管理与执行“双向高效”。

精细化管理流程

古代有一个铁匠，他有打造刀剑的本领。有一年，两国交战，军队大量使用刀剑等武器装备，便让他和另外 149 名铁匠为军队打造武器，并命令他们，用 30 天的时间打造 15000 件武器装备。如果按照正常打造流程，每个人每天打造 3 件以上的武器，才有可能完成这样的任务。

为了不被责罚，那个铁匠便想到一个主意：150 个人分成 5 组，每一组负责打造武器的一个环节。只有通过这个办法，他们才有可能将任务完成。因此，这些铁匠同意了他的想法，自觉按照分工，各司其职。这个简要的分工果然奏效。他们大大提高了劳动效率，竟然提前6天完成了军队安排的任务。

这个故事其实就是一个关于流程的故事。一个“管理—执行”链条上，要设定几个相关联的岗位或者环节，每一个环节都是专人专责，而且他们只负责自己这一项业务。这些人业务技能熟练程度越高，完成的效果也就越好，“管理—执行”链条也就越顺畅。比如著名的快餐连锁企业麦当劳，从采购到冷链配送，从加工到销售，严格沿用一套成熟的、可以复制的流程进行管理。这样的流程不仅实现了传统管理模式的转变，而且能够充分保证企业在管理质量、管理效率、效益增长上的协调一致。科学管理流程是精细化管理的一种工具，借助这个工具，管理者能够将企业带上快速健康的发展之路。管理流程有以下几个意义。

第一，管理流程是一种规范。

当下，许多商业银行都对管理流程进行深化管理，推广精细化管理理念，并且取得了一定的成果。流程，就是将一道工序进行严格划分，每一条战线上都有专业人士去操作。比如，销售负责引流获客，大堂负责接待，柜台负责结果转化，后台负责客户维护和风控管理，每一个环节，都是围绕着“客户是上帝”这一经营理念进行的。除此以外，每一个岗位，都有明确的岗位规章制度和监管制度，员工可以快速规范自己的工作行为，从而培养出一种良好的职业习惯。这种借助流程而非人力管理的方式，可以避免“人情关系”影响，而进一步保证决策的健康落实。

第二，管理流程是一种改革。

一位银行行长说：“如果不能顺应时代去改革，我们将会成为银行的罪人。”言外之意，对于当下的商业银行来讲，管理改革早已是迫在眉睫的事情。管理流程就是精细化管理之路的一颗重要棋子。借助现代化的管理流程，商业银行可以实现自主经营、自主发展、自我约束、自我完善，逐渐走上一条可持续发展的道路。另外，管理流程是一种改革，一种打破“人管人”固化管理模式的方法。通过完善流程、规范流程，就可以把管理彻底打造成一条“闭环通道”，促进传统银行向现代化商业银行的转变和过渡。

第三，管理流程可以规避风险。

风险分为两种：一种是不可抗拒的自然风险，比如自然灾害；另一种是人为原因造成的风险，比如操作风险、道德风险等。规范管理流程，可以通过规范相关人员的工作行为，大大降低人为原因造成的风险，甚至在防御自然风险方面，也可以起到很好的作用。例如，前几年浙江遭遇百年不遇的台风，某些商业银行网点在风灾、水灾预防方面，起到了非常好的表率作用。它们能够快速启动“预防机制”，形成一个救灾、抗灾体系，而且每个人都在有条不紊地进行灾后重建工作。

华为公司是我国知名的高科技公司，这家公司成功的秘诀就是采用精细化管理流程。华为创始人任正非认为：管理层要淡化英雄色彩，实现职业化的流程管理。即使需要一个人去接受鲜花，他也仅仅是代表，而不是真正的英雄。由此可见，精细化管理流程不仅是一种管理，更是一种策略、一种智慧。让管理命令程序化、让组织部门系统化，不就是广大商业银行管理者苦苦寻求的良方吗？

精细化管理标准

南方某商业银行支行推行5S现场管理法（整理、整顿、清扫、清洁、素养），推行不到一年，就取得了非常好的管理效果。所谓5S现场管理法，就是采用日本丰田公司所总结研发的一种管理工具。1955年，日本丰田公司提出一个口号：“安全始于整理，终于整理整顿。”言外之意就是，5S标准可以提供安全的工作空间，提高产品和服务质量，努力实现客户需求，提高客户体验，从而改善企业的形象，为企业获得更加广阔的发展空间。

5S现场管理法有五大效用，可归纳为5个S。第一个S是Safely，就是确保办公环境的安全事项，建立危险源辨识评估体系，定期对危险源进行检查，从而确保办公环境和服务环境的安全。第二个S是Sales，意为扩大销售。只有扩大销售，企业才能为发展积蓄力量。第三个 S 是 Standardization，就是建立一种习惯，让员工养成标准工作的习惯，让银行内的各项任务得到标准化、规范化运行。第四个 S 是 Satisfaction，让客户满意。通过提供舒适的环境和服务，提高客户的满意度。第五个 S 是 Saving，意为节约。许多商业银行从“节约每一滴水、每一度电”开始做起，推行“无纸化办公”也是为了节省耗材。因为赚每一分钱并不容易，但是节省每一分钱可以轻松做到。事实上，5S 现场管理法就是一种精细化管理的标准模式。

除了推广 5S 现场管理法，还有一些企业推行 5E 标准。5E 标准是通过完善技能标准、质量标准和服务标准等，让员工养成良好的工作习惯，培养一种精细化的工作作风。第一个 E 是 Everybody，就是要求每一个人都要做到位，每一个人都要严格落实自己的职责。第二个 E 是 Everything，就是用心做好每一件事。俗话说：“成大事者不拘小节。”但是在管理方面无小事。任何一件事，都要尽心尽力。第三个 E 是 Every time，坚持做好每一个小时、每一分钟的工作，时时刻刻不放松，才能把事情做好。第四个 E 是 Everyone，就是每一个事物都要认真对待，不要放松警惕。第五个 E 是 Everywhere，意思是每一处。就像打扫卫生，不应该放过任何一个卫生死角，哪怕是桌椅板凳等不易察觉的卫生死角，都要清理干净。除此之外，还有 6S（整理、整顿、清扫、清洁、素养、安全）和 7S（整理、整顿、清扫、清洁、素养、安全、节约）现场管理法。每个企业可以根据实际情况进行安排。

笔者记得某商业银行行长说：“每一个部门，每一个岗位，都有自己的管理标准，且标准不同，责权不同。将这种标准纳入考核，才有实际意义。”因此，这位商业银行行长在自己的银行推行精细化管理标准，通过标准实现对员工的培养和对行为的规范。如果没有“打卡制度”，就会出现迟到早退的现象；如果没有现场管理标准，卫生就会留死角，服务客户的态度就会出问题。丰田公司前社长丰田二郎表示：丰田汽车最为艰巨的工作不是汽车的研发与技术创新，而是生产流程中技术工人对每一根绳索不高不矮、不偏不倚、没有任何偏差的摆放和操作。如果让一个训练有素的员工每天擦桌子6次，他会不折不扣地执行；可是如果让一个没有经过严格训练的人去做，那么他在第一天可能擦6遍，第二天可能擦6遍，但到了第三天，可能就会降为5遍、4遍、3遍，到后来，就不了了之。坚持精细化管理标准的公司，能够让一名员工认真做事，因此也就能实现“用心做好一件事，成就一片好未来”的愿景。

如今，许多企业都在学习社会主义核心价值观，甚至把它当成工作观和发展观。其中富强、民主、文明、和谐是企业的上层价值观；自由、平等、公平、法制是企业的上层价值取向；爱国、敬业、诚信、友善则是企业员工的岗位职业标准。管理者深刻领悟并将其纳入精细化管理，就可以用其点亮银行和员工，让其成为行动导向和工作标准，从而提升员工的技能和道德修养，提高企业的核心竞争力。因此，一个企业要有自己的核心价值观和管理标准，只有这样，才能做到规范、正规，并为其他企业树立标杆。

精细化管理制度

有个老生常谈的话题，就是如何让人们养成好习惯。老师希望学生养成自觉学习的习惯，老板希望员工养成自觉工作的习惯，政府希望人们能够养成遵纪守法的习惯……养成一种良好的习惯，似乎比出台一个法律、法规更加有效。但是，为什么政府、企业还要制定相关的法律法规或者规章管理制度呢？如果没有法律法规，世界将会混乱，单纯靠习惯约束、规范一个人的行为，是远远不够的。精细化管理不是“放羊管理”，它是一种借助流程和制度，通过一种可复制的技术标准，确保决策落实的管理体系。这里提到两个关键词：流程和制度。

对于精细化管理而言，流程是灵魂，制度是体魄。如果只有灵魂，没有体魄，缺少一种“载体”，就难以维系整个企业长期稳定的发展。管理制度不仅能够规范员工的工作行为，同时能约束管理者的管理行为，让企业处于一个良性的循环状态。因此，建立并健全管理制度是对精细化管理的有力补充，其重要性不言而喻。

第一，提高“管理—执行”效率。

管理与执行，是决策与落实的关系，如果做出的管理指示得不到执行，组织运行就会瘫痪。管理制度，不仅是纽带，更是一种催化剂。有了管理制度，管理者可以让指令得到严格落实；有了管理制度，执行人可以严格完成任务。另外，管理制度让管理者与执行者责权明确，不会发生推诿扯皮等现象，更不会因为责权不明而审批缓慢等。因此，管理制度可以大大提高“管理—执行”效率。

第二，提高员工的工作素养。

在没有管理制度的约束下，员工的工作方式，完全是靠自己的天赋和心情发挥。心情好，就多干一点；心情不好，就少干一点。前面讲到“磨洋工”的问题，就是缺乏必要的管理制度所造成的。管理制度还可以解决“磨洋工”的问题，让员工自觉、及时地完成工作。另外，员工工作流程缺少标准，纯粹采取各自的“经验”来完成工作。事实上，每一个人都有不同的经验，这些经验有的缺乏科学验证，在运用过程中，或许就会出现严重的问题。管理制度的出现，让员工必须接受规范的、成熟的标准经验去工作。只有这样，员工才能养成自觉工作、按照标准进行工作的良好习惯。

第三，为管理者提供方向与指导。

过去，那些指挥能力不足、缺乏管理能力的管理者。常常按照自己的想法，管到哪儿指到哪儿，缺少明确的方向性。管理制度可以为管理者提供一个科学、正确的处理方向，与此同时，能约束管理者的权力，防止权力滥用。管理制度还能够为管理者提供指导和帮助。如果一名管理者遇到“施政”难题，就可以借助管理制度去要求员工做出转变，从而有效推动组织发展。

第四，有效弥补法律漏洞。

世界上没有100%完善的法律法规，总是会存在大大小小的漏洞。有人钻法律的空子，损公肥私，只能通过完善管理制度来制约这种行为。另外，道德风险也常常让一个组织遭受到不同程度的影响。因此，完善管理制度的意义，就更加显得重要。在一个企业，管理制度完全可以像“法律法规”那样起到威慑和制约作用，管理制度越健全，漏洞也就越小。如果一个企业能够实现管理制度全面覆盖，就可以有效防止钻空子等现象，从而确保企业的健康运行。

企业只有有章可循，才能进行改革和创新，才能在管理上取得良好成绩。

精细化管理的执行

大到一个国家，小到一个家庭，从治国到治家，都需要一个“法”。俗话说：“国有国法，家有家规。”法律和规矩，就是治国与治家的根基所在。商业银行同样需要一种“管法”。传统的“管法”，是一种一级压一级的管理方式，靠人管，不靠制度。这种“人治”，难免会出现有失偏颇的现象。随着智能时代的到来，行业之间的竞争有愈演愈烈之势。就像耕地，出现人多地少的局面，只能对耕地进行科学利用，规范种植，精耕细作，才能缓解土地供应紧张的局面，并在“方寸之地”取得不菲的成就。商业银行的管理者也要及时转变管理思维，把管理当成一种精耕细作的方法。银行只有精细处理各方问题，才能提高自身竞争力，继而立市场于不败。

一个企业管理转型需要面临许多问题。一方面是环境问题。如今，大环境需要商业银行进行转型。另一方面是组织自身的问题。有的银行的管理者思想保守，害怕风险，迟迟不敢破冰，担心改革失败。有的银行的转型条件不够充分，人力资源与其他相关资源配置落后，无法带动转型。面对这种情况，管理者总有心有余而力不足。那么如何才能扬长避短、发挥长处，实现精细化管理呢？笔者认为，管理的“作用点”是执行，在执行过程中体现出细节，才能最终实现转变，这些细节主要体现在以下几个方面。

第一，处理的细节。

有个商业银行在处理客情关系方面可谓无微不至，从每一句话到每一个动作，都能够传递出真诚。而这种真诚，源自一种规范，一种注重细节的管理。从行长到中层干部，时刻对员工宣传这样的观点。精细化管理，就是注重操作的细节，客户也能从细微之处窥探到银行的管理能力。凭借这种操作细节，银行才能打动客户、感染客户，做好客情维护工作。

第二，过程的控制。

俗话说：“树大自直。”事实上，树大自直的案例很少，这种情况下大多数的树都会长得“歪七扭八”。如果一个园丁长期对树苗的成长进行控制，比如经常进行修剪、扶正、保暖、驱虫等工作，就能够让小树苗长大成为笔直、健壮的参天大树。对于商业银行的管理者而言，坚持对每一个执行过程进行有效控制，就可以减少操作失误的概率，确保执行质量。

第三，数据的分析。

原始人刀耕火种、靠天吃饭，从来不计算产量多少。粗放式的管理，同样不注重相关数据的分析。如今，许多知名的现代企业，借助精确的数字计算，实现了管理上、经营上的调整。因此，商业银行要重视数据分析，总结变化的数据，找到其中的规律。数据管理同样是精细化管理过程中的重要一环。

第四，详细的规划。

许多商业银行借助两张计划表格，实现对目标的管理。第一张表格，是预期计划表格，管理者可以把它当成终极目标计划；第二张表格，是实际计划表格，这个计划的完成难度较低，管理者可以把它当成基础目标计划。如果管理者能够实现实际计划，就可以朝着预期计划努力。商业银行还要制订过程目标，也就是详细的阶段性目标。扎实做好每一个阶段的工作，就能对整体目标进行把控。

第五，文化的搭建。

某企业家认为：文化是血液，制度是筋骨。如果一个企业没有自己的文化，就很难进行传承。精细化管理，则强调了企业文化的搭建。归根结底，精细化管理也是一种文化。将精细化管理理念融合到企业文化里，借助文化的力量去影响、感染所有的员工，才能为企业灌输一种精神力量和责任意识。文化是基础，文化还是精细化管理的载体。借助文化推行精细化管理，远比借助权力进行施压更有效果。

管理者还要完善各项制度，优化监管环境，提供竞争平台，让员工既有动力，又有压力。只有这样，管理者才能将精细化管理落实到位，才能在执行中体现精细化管理的优越性。

德意志银行危机

德意志银行，世界知名的金融机构之一，也是业务遍及全世界的全能银行之一。1870 年，这家银行成立于德国柏林，1876 年收购德意志联合银行，1989 年收购英国老牌投行摩根建富，1999 年收购美国老牌投行信孚银行。可以说，德意志银行无论是在历史发展，还是在经营道路上，都可以用“顺风顺水”来形容。到了 2015 年，德意志银行已经成为世界第三大投行，是一家“超级巨无霸”企业。按理说，这样一家如同帝国大厦一般强大的银行，并不会因为社会动荡和金融危机而彻底垮塌。但是在和平年代、在全球经济处于复苏阶段的今天，德意志银行遭遇了一场严重的危机。原因到底有哪些呢？

第一，应对次贷危机和欧债危机准备不足。

有位哲人认为，如果无法在秋天备下足够的粮食，你就会遭遇严酷的冬天。美国次贷危机对世界的冲击，是持续存在的。因此，商业银行做出的选择，会对自己今后的发展产生影响。美国次贷危机之后，连锁引发欧债危机，这也直接导致德意志银行等欧洲银行的业绩大幅度下滑。为了摆脱困境，德意志银行采取了调整部门结构、削减非核心部门和部分投行业务的措施，想用这种“收缩”的方式渡过危机。但是这一系列调整，引发了更多的连锁问题。

（1）引发官司。

德意志银行的内部矛盾引发德国总行与英国分行的官司，仅仅 3 年时间就消耗掉了 127 亿欧元。

（2）遭遇天价罚单。

2015 年 4 月德意志银行因 LIBOR 利率（伦敦同业拆借利率）违规操纵，被罚款 21 亿美元；2016 年 9 月，德意志银行因为在美国次贷危机引发之前参与超高风险住房抵押贷款支持证券投机活动，被追罚 140 亿美元。

（3）改革失败。

德意志银行前行长约翰·克莱恩承认所推行的一系列管理策略出现问题，直接导致 68 亿欧元的损失。

（4）负债率过高。

本金仅占总资金的 4%，负债高达 17000 亿美元，负债率过高，直接导致股价高位暴跌。

第二，过于偏好投行业务。

众所周知，投行业务是赚钱极多、风险极高的业务，有时候这种业务就像“赌博”，赌赢了大赚一笔，赌输了可能倾家荡产。德意志银行几乎把一半以上的精力投入到投行业务上，似乎就像一场赌博。事实上，一个健康的银行，应该以相对安全的零售业务和信用卡业务为主，以高风险、高收益的投行业务为辅，风险相互抵消，从而保持平衡。德意志银行的这种做法，在遭遇严重金融危机的情况下，就损失惨重了。其中，2015 年希腊就没有如期兑现 IMF（国际货币基金组织）本息，不仅导致德意志银行 CEO（首席执行官）离职，而且令德意志银行被标准普尔降低了评级。

第三，道德风险引发一系列问题。

自 2012 年至 2015 年，德意志银行收到了来自全球超过 7800 多份的诉讼单。其中有在俄罗斯参与洗钱行为，还有在次贷危机之前参与兜售高风险债券却没有强调风险而致使银行信用遭受严重质疑……引发这一系列问题的原因，在于“内控”工作不到位。德意志银行不仅为道德风险支付了高达百亿欧元的罚单，名声上也一落千丈，可谓是赔了夫人又折兵。

第四，风险分散能力不足。

垄断催生了德意志银行对金融衍生产品的喜好，因此德意志银行便疯狂地开发全球金融衍生品市场。但是这种产品，是一种具有杠杆效应的交易产品，它只需要保证金交易，不需要本金转移，因此这种金融衍生品有着较高的风险性和杠杆性。后来德意志银行遭遇美国次贷危机和欧债危机，这种金融衍生品的风险便传递到德意志银行的身上，继而导致德意志银行成为金融危机的直接受害者。因此，德意志银行走到了内忧外患、墙倒屋塌的地步。

德意志银行想要在短时间内恢复，显然是不太可能的。这也告诉当下商业银行的管理者，分散风险能力、严抓内控管理、细化经营业务、建立金融危机防控方案等，才是未来商业银行的管理应对之路。

美国银行与六西格玛管理

美国银行，影响力与规模并非行业第一，却通过精细化管理走出了一条属于自己的道路。美国银行的前身是意大利银行，它成立于 1904 年。1929 年，意大利银行与加利福尼亚美洲银行合并，成为当时鲜为人知的美洲国民信托储蓄银行。

相比较德意志银行的投行业务，美国银行则是以极具特色的信用卡业务、特色投资业务、IT（信息技术）外包业务、零售业务为主。这些业务风险小，回报率高。因此，美国银行的业绩节节攀升，取得傲人的成绩。

1. 美国银行赖以生存与发展的四大特色业务

（1）网上银行业务。

智能时代，如果一家商业银行迟迟没有开展“互联网银行业务”，那绝对是保守派的死硬分子。在这方面，美国银行可谓顺应时代发展，做了“第一个吃螃蟹”的商业银行。美国银行不仅拥有世界上最多的在线注册用户，而且提供种类丰富的各类互联网金融服务，比如私人网上银行服务、企业网上银行等，几乎可以说，只要有互联网覆盖，人们就可以享受到美国银行提供的服务。

（2）帮助存钱的特色信用卡服务。

常见的信用卡服务，通常只是为了方便消费与透支，是商业银行从中赚取利息费用而进行的一项业务。但是美国银行的信用卡业务有所不同。如果一个人选择用美国银行的信用卡消费，消费金额被整取之后，所剩余的差额将会退回到持卡人的储蓄卡中。这项业务，让客户避免了重复开卡的尴尬。该业务投入上市后，便引发了良好的商业效应。

（3）特色投资业务。

与德意志银行的投资业务有所不同，美国银行的投资业务，其目的在于帮助投资者快速了解市场，并从中获得利润。不管是美国银行提供的折扣经济业务，还是个人投资咨询业务，都非常明确地指向这一点。另外，美国银行为客户提供现金托管服务，通过“共同基金”的这种利益共享、风险共担的合作方式，赢得了客户的信任。

（4）IT 外包业务。

如果一个商业银行能够成为 IT 行业内的佼佼者，绝对令人大跌眼镜。事实上，美国银行就做到了这一点。笔者认为，商业银行发展 IT 外包业务，说明其重视互联网发展与应用，并且想要集中力量走互联网差异化这条道路。另外，通过这个管理策略，美国银行获得了丰富的互联网银行的管理经验，通过 IT 外包，进一步认识了互联网，提高了互联网银行服务的质量。

2. 六西格玛管理

除了以上四大特色业务外，美国银行还坚持六西格玛特色管理。何为六西格玛管理呢？这个概念最早是由著名的科技公司摩托罗拉于 20 世纪提出来的，它是一种管理工具，是为了追求“细节”和“完美”而设计的。当时，摩托罗拉公司借助六西格玛管理工具，实现了从濒临倒闭到成为世界顶级科技公司的转变。随后，这种管理工具被许多世界知名的大公司借鉴使用，其中也包括美国银行。

美国银行将六西格玛管理工具运用到 IT 部门和执行业务部门，取得了非常好的管理效果。美国银行通过运用六西格玛管理“五步走”战略，不仅大大提高了执行效率，而且理顺了流程，并且将流程与技术进行紧密结合，进一步减少了出错率，提高了服务质量。

第一步，评估并分析执行过程，如果发现问题，需要将存在的问题摆出来；如果缺少相关资源，需要将缺少的资源摆出来。

第二步，找到执行过程中存在的缺陷，比如执行不力、执行不到位等情况，然后建立改进方法，对执行通道进行优化、改良。

第三步，通过数据分析，进一步找到并确认管理系统存在的问题，然后列出问题表格。

第四步，根据上述的问题表格，建立问题改进方案，通过方案，进一步优化、完善质量管理目标。

第五步，完善过程监督、检查制度，进一步对执行过程进行控制，从而降低出错率。

其实，六西格玛管理就是一种注重细节与流程结合的管理工具，许多企业通过它而受益。当然，这也是美国银行的成功之处。

第六章

商业银行转型与精细化管理

历史的经验告诉人们，商业银行不能坐以待毙，要坚持转型，走深化改革之路。这就需要商业银行把精细化管理当成武器，凡事做精做细。商业银行坚持规范化服务和标准化服务，才能闯出一条路来。

精细化是银行转型的唯一出路

浙江省某商业银行有一个分管个金（个人金融）业务的中层干部王某，在面临近几年所在地区实体经济和虚拟经济低迷的现状时，通过精细化管理、大胆求创新的意识，带领银行个金战线上的员工，奋发图强，在逆境中取得不俗的发展，最终实现了新的突破。这位中层干部采用“三个坚持”，实现了银行个金业务的突破。“三个坚持”的内容如下。

坚持打造创新团队。俗话说：“不破不立。”如果银行不能改变原有的面貌，就无法集中优势，给客户一种满意的体验和答复。王某坚持每月拜访相关的地方领导，通过与他们交流，找到各区域经济拓展创新的“点”，并由“点”及面，逐渐扩大，结合当地经济特色，推出符合地区发展理念和思维创新的产品和服务，由此占领了市场。

坚持打造服务团队。俗话说：“客户是上帝。”一些银行都没有及时转变观念，把客户当成“敌人”的现象依旧十分普遍。王某坚持认为，只有把客户当成上帝，才是发展之路。因此，他坚持梳理每一个岗位员工的职责，将责权“包干”到人，通过落实每一项与客户服务相关的细节，成功地把临时客户发展为稳定客户，把稳定客户发展为固定客户，把固定客户发展为忠诚客户。

坚持打造维护型团队。维护型团队相对公平、一视同仁，既不会对“土豪”客户过于热情，也不会对“平民”客户过于冷漠，虽然高端客户与普通客户有别，但是尽可能地把客户同等对待。因此，打造一个维护型团队，作用就很明显了。通过这种方式，王某打造的团队，不仅丰富了客户的体验，而且兑现对客户的承诺。

另外，王某坚持绩效考核，通过拉大员工之间的收入差距，不断提高员工的工作积极性，从而确保银行的内部竞争力和外部竞争力。

当然，这仅仅是一个走精细化管理道路的商业银行个例，但是这个例子却给人们带来很多值得学习和借鉴的经验。在智能时代、新常态下，我国商业银行必须进行转变，否则将会被社会所淘汰。广发银行前行长利明献在2015中国银行业发展论坛上表示：广发银行的战略目标是要成为全中国的最佳零售银行，怎么样成为全中国的最佳零售银行？首先要看资产负债表上面有没有把资源倾斜到零售银行，大家知道零售银行可能短期内不是那么容易赚钱的，网点多、成本高，人数也多，因此要不断地投入，要做精细化管理。在这里，利明献着重强调“精细化管理”五个字。笔者认为，精细化管理可以为银行提供三条出路。

第一，开辟市场。

传统的经营模式，销售越来越难，甚至到了“一户难求”的地步。笔者记得某商行大客户经理说：“除了手中维护好的客户资源，几乎没有新开发的客户。”如果管理者不能及时转变思路，想必市场早就被其他商业银行或者金融公司捷足先登了。

第二，拓展客户。

引流获客难题是当下商业银行面临的主要难题之一。过去，商业银行是“匮乏之物”，如果不“求”银行，相关的金融业务便无法办成。如今，社会需求风云突变，卖方市场俨然变成买方市场。许多银行认识到了这个问题，积极寻求变化，尤其在服务客户的态度等方面，竭尽全力精益求精，让客户满意。客户满意了，才能告诉你需要什么。那些规模小、竞争力差的地方商业银行，更要采用精细化管理策略。

第三，提高管理。

过去许多商业银行的经济案件，往往是因个人道德败坏造成的，这些危害极大的“道德风险”让商业银行防不胜防。因此，商业银行要加强该方面的管理与控制，规范操作流程，强调制度的重要性。

可以说，精细化管理才是未来商业银行的发展出路。如果不能够实行精细化管理，管理职能落后，商业银行早晚会被行业、社会所淘汰。

商业银行转型的五个方向

相关数据披露：国内 16 家上市商业银行，有 13 家银行年增幅不足 10%。除了销售增幅下降外，坏账率一直攀升。坏账率越高，商业银行面临的问题也就越多。另外，许多电商跨界进入金融领域，同样能提供存款、贷款、保值、增值等服务，让商业银行越来越难做。甚至某商业银行行长认为，如果不能尽快转型，就会被市场所淘汰！因此，转型是迫在眉睫的一件事。

南方某商业银行支行有一个女行长，她把一家普通的商业银行打造成为以投资为主的投行。这样的转变，不仅让该行摆脱了困境，而且让其取得了令人羡慕的工作成绩。

为了做大做强投行业务，这位女行长在人员紧缺的情况下抽调了几名员工去省投行进行专业学习。这几名员工为了学好专业知识，不仅刻苦学习，而且敢于虚心请教有经验的同事或者专家。他们掌握了相关知识之后，便回到支行，积极拓展业务，努力配合女行长的工作。

另外，这家支行能够抓住时间窗口做大做强理财业务。女行长认为，投行业务只是一个方面，全面发展才能够带领支行突出重围，取得优异的成绩。正因如此，该支行取得了表内理财销售 140 亿元、表外理财销售 130 亿元的成绩。

除了深耕基础业务外，该支行还严抓“内控”工作。女行长为了提升员工的整体素质，不仅加强了日常的沟通工作，而且将培训与防控相结合。通过这种方法，她不仅降低了经营风险，而且大大提高了员工的素质，为该支行的发展创造了条件。

这仅仅是其中一个成功转型的案例，针对商业银行转型的大方向，管理者要考虑转型的五个方向。

第一，国际化方向。

人们常说：“冲出国门，走向世界。”然而，有些保守派，总觉得外面的世界不如自己的“一亩三分地”，外面的人过着水深火热的生活，自家却是小康水平。企业想要有所发展，走出去、请进来，才是转型之路。如今，许多商业银行都走上了“跨国”之路。它们纷纷在海外开设网点，能够非常自在地华丽转身、与“狼”共舞。国际化让它们拓展了市场，实现了转型。随着“一带一路”倡议的提出，从全局考虑，商业银行也应该走出去。

第二，集约化方向。

所谓“集约”，就是合理利用资源，提高劳动效率。所谓“集”，就是集中一切资源优势；所谓“约”，就是节约资源、充分配置资源，以达到节能增效的目的。传统的商业银行，用“低能效”来形容，一点也不为过。因此，商业银行要打破“重资产”常规，走“轻资产”路线，还要对各种资源进行重新配置，想方设法地提高盈利水平，走集约化之路。

第三，综合化方向。

事实上，许多商业银行都在走这样一条道路，就是拓展经营领域，扩大经营范围，适当分散经营风险，从而提高盈利的“点”。许多商业银行进入保险、租赁、风投、基金等领域，也多有不错的斩获。

第四，互联网方向。

“互联网金融”是当下一个时髦的词。所谓互联网金融，就是传统金融行业借助互联网技术，实现资金融通、支付、投资、中介等服务的经营模式。对于正规的、有国家信用保证的商业银行而言，顺应时代发展，借助互联网的力量做大金融业务，是未来的发展趋势。

第五，智能化方向。

智能金融的概念，很久之前就有人提到过。美国银行就借助智能化与金融结合的模式，取得了非常好的经营效果。因此，商业银行应该借助移动互联网等技术设备，实现全面智能化网点的覆盖。许多年轻人不喜欢排队业务，如果有智能化设备，将大大改善这一现象。

另外，还有一些商业银行开始重视小微企业，从而加快业务转型。只要是对商业银行的发展有利的举措，都可以进行尝试。

商业银行转型的六大道路

转型意味着适应和求变，在变化的世界里，采取变化的态度，是一种基本的生存方式。在新常态下，以不变应万变已经是过时的做法。于是，人们看到绝大多数企业都在谋求转型，希望通过转型迎来新时代的曙光。笔者记得有一位企业老总说：“主动求变与被动求变，结果是完全不同的。”著名经济学家厉以宁也表示：以体制转型带动发展转型。转型，并不是简单地从内容上去转变，更多是在管理理念、文化理念以及创新等方面去体现。

乔布斯表示：你的时间有限，所以不要为别人而活。不要被教条所限，不要活在别人的观念里。不要让别人的意见左右自己内心的声音。最重要的是，勇敢地去追随自己的心灵和直觉，只有自己的心灵和直觉才知道你自己的真实想法，其他一切都是次要的。就反映出一种不满足现状、想要突出重围、打破束缚的勇者心态。在智能时代世界里，如果人们依旧使用落后的“电话线”技术，就无法与世界接轨，就会被世界所淘汰。因此，商业银行的管理者们，转型势在必行，要积蓄力量朝六大道路转型。

第一，“大资产、大负债”之路。

随着利率市场化，及互联网金融、外部市场的冲击，商业银行的生存环境可谓十分艰难。利率市场化，直接端走了商业银行原有的“奶酪”。因此，商业银行要应对这样的局面，必须转型。传统银行一直走“银行资产负债”管理的路线，随着客户对理财、投资等个人资产分配的需求，商业银行要从信贷资金提供者的角色转向全量资金组织者。角色的转变，让商业银行进入一个全新的领域。

第二，“综合化、批发业务”之路。

过去，银行给人们的感觉就是“存汇贷”，“存”就是存款，“汇”就是汇款，“贷”就是贷款。随着智能时代的到来，这三项主营业务完全可以由其他公司负责。因此，商业银行要借助自身优势，走“综合化、批发业务”之路。批发银行并不是一个新兴概念，在欧美发达国家，批发银行运行非常成熟。在国内，它却仍属于新兴市场。

第三，“电子银行”之路。

许多商业银行都开始走这步棋，智能时代带给人们便利的同时，改变了银行的固有职能。许多商业银行与电商平台合作，形成了一个快速的支付、交易链条。另外，许多人更愿意借助移动客户端实现对存取款、转账、缴费、理财、投资等业务的办理。这就需要商业银行快速做出转变，满足大量智能时代客户的需求，加大与银行相关的智能时代技术的开发和设备的升级。

第四，“资产管理”之路。

随着人们物质水平的提高，许多人已经不满足于现有的银行业务，他们希望得到更好的财产管理服务。有一个商业银行行长说：“如果一个客户拿着 100 万元找到你，他的目的不是存款，而是得到每年 5% 的稳定回报，你应该怎么做呢？拒绝，还是帮他实现梦想?”满足客户资产管理的需求，也是商业银行应该重视的。

第五，“多产品”之路。

以前，许多客户来银行咨询相关银行产品，总是乘兴而来败兴而归。原因在于，银行的产品太少，可选择的余地几乎没有。如今，欧美许多商业银行开通“银行超市”，不仅各类产品众多，而且可以满足不同客户的不同需求，因此，各大商业银行要想尽办法丰富银行产品，开通属于自己的“银行超市”。产品种类越多，市场竞争力越强。

第六，“国际业务”之路。

“走出国门，冲向世界”，同样是我国商业银行今后发展的重要道路。如何走出去呢？银行需要走“国际业务”之路，比如开通国际贸易的结算业务、相关融资业务、外汇买卖业务、国际贷款业务以及托收结算业务等。如今，国内许多商业银行开始走出这一步，它们逐渐在海外设置分支机构，与此同时，推动离岸人民币业务的进程，这也是商业银行全能化的标志之一。

除此之外，还有许多道路值得我国商业银行的管理者去观察和发现。求变是一种力量，探索是一种永不满足的精神。管理者只有不断求变、探索，才能让商业银行的未来发展前景更为广阔。

银行网点前后台分离的意义

过去人们把银行的前后台，当成一个整体。前台直接面对客户，负责业务拓展工作；后台主要是“售后”相关的工作，比如审批、IT 相关支持、共享服务等。

有一个科技公司，销售部门与技术研发部门原本在一起。按企业老总的话说，研发部门研发出产品，然后让销售部门去销售。如果客户对产品产生疑问，解释权仍旧在研发部门手里。该公司的销售部门非常尴尬，只有销售权，没有相关解释权，客户不信任销售部门，销售量也一直得不到提高。因此，该科技公司老板痛定思痛，决心改革。

改革的一项重要内容就是将销售与技术彻底分离。销售部门负责销售和相关技术说明，技术部门只负责产品研发。销售部门有了更大的权力，因此在布置销售战略方面，也有了较大的自主权。这一系列的改革，不仅简化了管理流程，而且大大提升了相关部门人员的工作积极性。改革之后，销售部门大大提高了销售量，每年为公司额外创造 3000 万元的利润。

无独有偶，笔者发现许多商业银行也有这样的问题。它们通过将前后台进行分离，对流程和组织结构进行重组，消除了部门与部门之间的壁垒。前台全权为客户提供一站式服务，后台全力以赴集中处理相关信息。流程的重新优化与疏通，大大提高了工作效率。原本需要 72 小时处理完成的工作，现在只需要 24 小时。例如，某商业银行网点采取前后台分离之前，单笔业务需要经过授权、审核、录入、复审、授权、处理等 10 多个环节，原本 5 分钟可以完成的业务，结果却消耗了半个小时。如果赶上周一，网点办理业务的客户较多，消耗的时间将会更长。有个客户排了近 2 个小时，简直如同春运高峰排队买火车票。许多客户叫苦不迭，牢骚满腹。后来，这家商业银行前后台分离，将前台的一些庞杂的信息处理业务完全交给更加专业的后台处理，就像由串联改成并联，效率一下子就提高了。如今，该网点几乎没有了排长队的现象。该网点负责人认为，为客户节省时间，就是为客户创造额外效益。由此可见，前后台分离是银行优化管理的重要环节。前后台分离有以下意义。

第一，前后台分离防止互相推诿扯皮。

两个部门协同负责一件事情，如果有责权不明的地方，就会出现推诿扯皮的现象。如果出了问题，你把皮球推给我，我又把皮球踢给你，谁也不想为此负责。前后台分离，就是将两个部门的责权彻底分开。你做你的事，我做我的事，彼此各司其职，明确了自己的权力范围，才能把工作做到位。

第二，把部门银行打造成流程银行。

过去，人们总是把一个银行看成一个大部门，而这个大部门里，又包括若干小部门。大部门统管各级小部门，小部门如同行星，始终围绕着大部门这颗恒星转动。这样的部门银行，总会给人一种权力机构，而非服务机构的感觉。前后台分享后，部分银行变为流程银行，它们把客户当成上帝，以服务代替职能，真正按照市场行为和经济规律办事。只有以客户为中心，完善业务流程，提高服务效率，为客户节省时间，才能体现服务价值。

第三，前后台分离可以降低道德风险。

大一统的局面，总会强调“人”的作用。在人的作用下，权力比流程更加好用。前后台分离弱化了“人”的作用，增加了流程的威力。“人”的因素减少了，完全靠积极有效的监督机制和绩效考核机制去监督和约束，因此道德风险大大降低。另外，这种借助制度去制约的模式，也会大幅度降低人力监管的成本。

前后台分离是一种集约化、流程化、差异化、精细化的管理模式，它不仅对各部门进行明确有效分工，更能形成一种流程与系统“双控”的管理体系。这种体系不仅可以有效控制各类风险，而且可以确保商业银行的快速发展，由此看来，前后台分离意义重大，值得商业银行管理者研究与推广。

银行网点的规范化服务

就像一支队伍行军打仗，正规军与杂牌军是有区别的。正规军不仅有统一的着装、统一的武器装备、统一的口号，甚至还有相同的军令军纪；

杂牌军则完全不同，没有统一的着装，甚至连统一的口号、统一的身份都没有，军令军规更是无从谈起。有人问："杂牌军能够变成正规军吗?"答案是肯定的。经过科学管理，杂牌军完全可以变成一支纪律严明、骁勇善战的正规军，甚至是王牌军。

传统的银行网点，虽然也有统一的着装、整齐划一的建设外景，但是在管理方面，似乎与这样的形象有所不符。例如，有一位老先生去某银行网点办理相同的业务，第一次遇到的高柜柜员小张，服务态度非常好，而且办事干净利落，给老先生留下非常好的印象。后来，老先生又来该银行网点办理相同的业务，这一次换成小王。小王的服务态度和热情，明显不如小张，甚至给人一种爱搭不理的感觉。同一个银行网点，同一个人办理同样的业务，感受了两种完全不同的服务。这种差异，似乎是非常普遍的。如今，商业银行网点遍地开花，市场竞争非常激烈，稍有不慎，客户就会被同行挖走。因此，只有规范网点建设，提高服务质量，树立银行网点的形象，才能留住老客户，吸引新客户。

第一，网点环境的规范化。

银行网点是客户活动的场所，银行网点的环境直接影响客户的心情。如果一个饭店环境很差，苍蝇嗡嗡叫，生活垃圾也没有得到妥善处理，难道还会有客人上门就餐吗？令人可喜的是，许多商业银行都非常重视这一点，比如有统一标识的装修，整体风格庄重醒目。银行网点的各种牌匾、行徽一应俱全，上下班时间的告示也能够悬挂出来，让客户了解银行网点的营业时间。

银行网点内的设施，也要人性化一点。比如在填写单据的地方，应该提供水笔、老花镜以及各式说明资料，还要提供验钞机等公用设备，以便客户验钞、点钞使用。还有一些银行网点，提供免费饮用水，这些都是规范化、人性化的体现。有些网点严格按照5S现场管理法，保持网点内的卫生状况，给客户营造一个干净的、有亲和力的服务场所。

银行网点还应设置宣传栏，定期对宣传栏里的内容进行更换。另外，网点内要公示服务公约，公示银行工作人员的照片、工作号等信息，公示银行监督和投诉电话，便于客户监督和提建议。

第二，网点员工的规范化。

员工的行为方式，直接决定了银行的服务质量和工作效率。首先，网点员工要统一着装，进行微笑服务。就像前面讲到的那个老先生，如果小张和小王的服务态度、工作态度是一样的，就会给老先生留下更好的印象。相反，老先生内心产生了阴影，就有可能选择其他的银行网点办理业务。因此，银行网点要对员工的服务仪表、服务态度、服务语言、服务质量、服务纪律、道德素养等进行规范，规范员工的工作行为，这样才能让客户满意。

其次，工作操作要规范。比如，在柜台操作方面，要做到双人临柜、章证分管、钱账分管。在执行业务操作方面，也要严格遵循银行所制定的工作行为准则，进行有序操作。在交接班、请销假等方面，也要进行规范，如有明文规定需要签字审批才能请假，就不能电话请假或者随口请假。规范工作，就意味着对银行网点形象的重视。

除了规范网点环境和网点员工，银行还要长期对员工进行安全意识的教育。抓好内控，做好各类风险防范，加强监督与管理，只有这样，才能打造出人人满意的精品网点。

银行网点的标准化服务

提到“标准化”三个字，许多人可能会想到丰田汽车公司。从汽车零件生产、流水线组装，到汽车下线检测，丰田公司都有一个标准化模式。按照一套“高标准”的管理体系生产出的产品，不仅品质有保证，而且可以大量复制，规格、标准不变。快餐连锁企业肯德基、麦当劳就是很好的例证，它们坚持按照一个科学的系统模式进行运作，就像一个精密器械，齿轮与齿轮之间相互借力，共同转动。肯德基、麦当劳这样的快餐连锁，甚至连提供的服务都是一模一样的。可以把这种标准化服务模式，称为无差异化服务模式。有人问："如今大力提倡差异化服务，是否与标准化产生矛盾?"产生这样的矛盾是很正常的，如果把标准化看成一个生产线，那它生产出来的"产品"是一模一样的，就像可口可乐。但如果仅仅是管理模式标准化，企业依旧可以生产出缤纷多彩的产品。在智能时代，银行网点有五大方面要求标准化。

第一，操作系统要求标准化。

智能时代下，银行网点的操作，已经由智能代替人工，电脑代替人脑。整个银行系统，靠一整套电脑操作系统来完成。因此，人们必须按照正确的、合理的操作顺序进行操作。有些人为了走捷径，想要"跳跃"某个步骤，很显然，电脑运行系统是不允许这样的操作的。如今许多商业银行网点对相关人员进行标准化操作培训，要求严格按照步骤进行操作。就像电脑开机，首先要打开电源，其次要点电脑开机键，然后等待电脑开机。这是一个"标准"过程，更是一个需要严格遵循步骤的过程。

第二，产品服务要求标准化。

如今，银行网点的服务水平参差不齐，有的高，有的低，有的是金牌网点，有的则连续几年上黑榜。与肯德基、麦当劳的高标准、统一形象的服务相比，商业银行网点更应该坚持这种标准化。从引流获客，到待人接物；从合理引导，到深挖需求；从建立关系，到客情维护，每一步都应该坚持这种整齐划一、标准统一的服务。不论是在北京，还是在南京，只要是在该商业银行的营业网点，客户享受到的服务标准和规格，都应该是一样的。

第三，管理制度要求标准化。

笔者发现，许多公司采取一种标准化管理制度。这种管理制度，从制度入手。所谓标准化管理制度，就是为了加强管理建设而采取的一种有效管理制度。管理制度的标准化，可以让管理脉络更加清晰，责权更加明确，管理与执行更加协调，监督与跟踪更加有效，从而确保执行力。对于商业银行网点而言，采取标准化管理制度，还能有效预防各类风险，尤其是常见的银行"三大风险"，继而确保银行的健康发展。

第四，岗位职责要求标准化。

虽然许多企业有各种岗位责任制度和岗位实施细则，但是在具体实施过程中，由于监管不力或者管理缺位，这种“标准”失去了效力。因此，管理者要想方设法地健全岗位职责管理条例和与之相关的监督条例、绩效条例。岗位职责的标准化，能够从根本上体现精细化管理的优越性，企业可以获得优化秩序，为实施的计划和战略提供有效保障。

第五，管理体系要求标准化。

一个银行，能够实现高效运行，首先需要拥有一套标准化的管理体系。这套体系涵盖的方面有很多，包括员工职业素养标准、考评标准、后勤保障标准、人力资源标准、产品研发标准、经营管理标准、合同标准、服务运行标准等，只要涉及商业银行网点管理运行的“点”，都要有一个统一的标准。当所有的“点”都被优化，将这些“点”按照顺序连接起来，就是一套标准化管理体系。

银行网点坚持标准化服务，才能充分将各个部门协调调动起来。只有这样，才能为客户提供更加完善、更加人性化的服务。

浅谈银行网点的精细化管理

有一个豆腐坊，生意非常好。常常是早晨推出一车豆腐，不到中午就售罄了。后来，有人看到豆腐坊赚钱，也开始涉足豆腐行业，在同一条街道上开豆腐坊。一年之后，这条街道上有六家豆腐坊。最初那位生意火爆的豆腐坊老板开始犯愁：“以前半天能卖一车豆腐，现在一天只能卖半车豆腐，这可怎么办?”

后来有人建议：“老板，你想要从别人手里把原来的客户抢回来，就要在豆腐品种、价格、服务方面下功夫，要不然再过一年，恐怕你的豆腐坊就只能关门了!”

这位老板接受了那人的建议，开始转变思路，从零开始。他先是对豆腐坊进行了一番装修，门面上提升了一个档次。然后，他开始研发其他豆腐产品，比如豆腐干、豆腐皮、豆腐乳、豆腐泡、毛豆腐等，与豆腐相关的产品就有10多种。价格方面，他也进行了一番调整。其他人卖2元一斤，他只卖1.9元。服务质量也有了明显提升。通过这些改变，这家豆腐坊的生意渐渐有了起色。半年之后，销售额便扩大了3倍，另外还兼并了两家濒临倒闭的豆腐坊。

认认真真做好豆腐坊，其实与认认真真经营一家银行网点是如出一辙的。虽然经营产品不同，运行机制有所差异，但是采取精细化管理的策略，永远不会有问题。许多网点管理者意识到了这一点，尤其在新常态下，行业竞争加剧，效益下滑，能够有效控制管理成本、提高盈利水平是相当困难的一件事，甚至可以用“难于上青天”来形容。但是有困境，也有希望。智能时代给人们一个全新的、开放的环境，只要抓住有利时机，深化改革，率先走精细化管理之路，就能使商业银行走向健康、稳定发展之路。

银行网点是银行的窗口和眼睛，如果有一双明媚的大眼睛，想必银行会很有生命力；如果这双眼睛黯淡无神，甚至失明，银行也将失去前进的方向。另外，银行网点相当于银行的“皮肤”。如果“皮肤”完整健康，不仅能够为银行总部提供一种保护，而且能帮助银行总部发挥作用。甚至可以说，银行网点是一个执行、落实部门。银行网点采取精细化管理的目的，就是实现银行总部下达的目标。

一个银行网点，需要精耕细作的方面有很多。比如针对银行网点的建设和布局，应该有一个统一、科学、有吸引力的设计；针对网点现场管理，可以采纳5S现场管理法或者7S现场管理法；针对网点销售，可以采取以目标为导向的精细化营销策略；针对不同的客户，可以建立不同的客情维护档案；针对内控风险，可以建立内控管理制度，完善内控体系；针对网点的文化建设，要注重培养员工的综合性素质，让员工成为文化起点和文化支撑点；针对网点的绩效考核，要推行科学、公平的绩效制度，充分发挥绩效作用；针对网点的人才建设和储备，更要健全员工培训体系。银行网点的管理者，既要强调人的作用，又要强调制度的作用，充分将人与制度结合在一起，才能让管理作用最大化。“经营之神”松下幸之助认为：无视细节的企业，它的发展必定在粗糙的砾石中停止。每一个大问题里，都有一系列小问题露面。

推行网点的精细化管理工作，是夯实生存之道、提升执行力与市场竞争力的好方法。因此，银行网点的管理者应该充分认识精细化管理，把它当成一件法宝，解决既往存在的管理问题，打赢这场银行管理战役。

第七章

精细化管理的工作和原则

如果把精细化管理当成一种管理手段，这种手段可以帮助商业银行实现三个梦想。第一，实现转型梦；第二，实现发展梦；第三，实现品牌梦。把精细化管理当成管理灵魂，想必绝大多数商业银行会为此受益。

现代银行管理的四大原则

有时候，人们会把一个企业看作一个家庭。管理者是大家长，员工是其他家庭成员。大家长负责做决策大事，家庭成员各司其职，做自己擅长的小事。如果大家长与家庭成员关系融洽，任务分配合理，就能把这个家庭打理得井井有条。如果大家长与家庭成员关系不好，或者分工不明确、分工不公平，家庭就会乱成一锅粥，甚至有分家的可能。有些管理者为了打理好银行，向成功者取经。笔者认识一位某商业银行支行行长，他每年都会拿出一定的时间，参加各种各样的管理培训班，希望通过培训、游学，寻求管理之道。如今，各式各样的企业家论坛层出不穷，有些论坛邀请一些从未有过实际管理经验的人为企业家讲授成功经验，笔者认为，这是一种“骗钱骗时间”的行为。万科创始人王石表示：作为管理者，自己把握三个原则。第一个，决策，就是事做不做，这是自己来决定的，否则当董事长、总经理就失职；第二个，要谁去做，就是用人；第三个，他一旦做错了，得承担责任，无论他是什么原因做错了，都得承担责任。不管是三原则，还是四原则，能够掌握现代银行的管理原则，才能把管理工作落实到位。笔者认为，现代银行管理有四大原则。

（1）管理要严明。

管理"严"，不是严厉，而是严明。强调"严"这个字。有人说："严父出孝子，严师出高徒。"其实，这句话太过笼统，甚至会被轻而易举地推翻。"严"是好事，但是"严"得莫名其妙，就不是好事。因此，管理者要告诉对方，"严"在哪里，为什么"严"，一定要把道理讲出来。这样，就是严明。总体来说，"严"比"松"好。宽松的管理政策，常常让员工的行为不受约束，从而导致管理失控。管理严明，也要一视同仁，不仅是对他人严格，更要严格要求自己。

（2）管理要公正。

许多管理者，不能一碗水端平，原因出在哪里呢？某企业一位老总，身边有几个所谓的"红人"为其分忧解难。后来，有一个"红人"与另一个普通员工犯了同样的错误。该企业老总对普通员工采取了"杀一儆百"式的惩罚，对"红人"采取了"口头警告"式的批评。究其原因，还是管理者的"私心"作怪。许多银行管理者意识到这样的问题，于是采用制度条例管理法，只要触及红线，一律公平、公正、公开处理。这种对事不对人的管理方法，更能体现管理的优越性，同时也能维持公平正义，顺应时代潮流。

（3）管理要集中。

有人说："集中优势，击出重拳。只有这样，才能获胜。"就像一个拳击运动员，如果不能够集中精力、积蓄力量，被对手追着打，惨败的结果是不言而喻的。管理系统，也是一个需要集中优势资源的系统。首先是整合资源，有了优势，才有取胜的把握。其次是凝心聚力，如果队伍形同一盘散沙，只能是兵败如山倒。最后是文化集中，借助组织文化优势，才能给员工宣传一种精神和价值观，才能让员工舍小家为大家，牺牲自我，为组织做出积极的贡献。

(4) 管理要诚信。

有一位企业家认为：市场经济的符号，就是诚信。古人更是总结道："人背信则名不达。"背信弃义者，常常沦为孤家寡人。管理需要诚信，诚信就是言必出、行必果。如果人人讲诚信，人人都能够将责任扛在自己的肩上，难道还有做不好的管理工作？管理者对待员工要诚信，许下了承诺就要兑现；员工对待客户要诚信，答应帮助客户实现需求，就一定要竭尽所能。诚信是立业之本，更是管理之魂。

除此以外，管理还要创新，还要保持组织内部和谐。管理无常法，只要对企业有意义，皆可以尝试。

管理就是"管"和"理"

有一个小老板，经营着一个粮库。他每年从东北购入数千吨粮食入库，然后隔一段时间，每一斤加一角钱往外卖。靠着这种生意，这个小老板赚了不少钱。

后来，粮库经营规模扩大了几倍，为此他还招了20个工人为他打工。小老板不懂管理，所以只能听别人的意见进行管理。有个人对他说："管理，就是一级压一级，只要他们听话，一切就好办！"因此，这位小老板按照这种"权力压制"的方法进行管人。

小老板嗓门比较大，人看着也很壮实、霸道，工人都怕他，所以也就听从他的安排。除了管得严，他其他方面做得一塌糊涂。工人分工不明确，干活的时候，完全是"一窝蜂"式的。粮库没有专门的销售员，缺销售员的时候，小老板就让这些工人放下手中的耙子，换上衬衣做销售员。粮库甚至也没有既定的销售目标、盈利目标，完全是走到哪儿卖到哪儿。

有一年赶上粮食大降价，小老板的粮库还有1000吨库存没有处理掉。因为这，他一次损失20多万元。这时，损失惨重的小老板才意识到，自己这种只管不理的方法才是问题所在。

管理不是只管不理或者只理不管，而是将“管”与“理”结合在一起的组织经营方式。

所谓“管”，原本只是一种乐器，后来则延伸到“管教”方面。在管理学范畴内，管就是管人、管事。双管齐下，分而治之，就是一只手抓人事管理，另一只手抓工作管理，两只手都要抓，两只手都要硬。同时，管理者要注意抓“物质建设”和“精神建设”。

管人，就是让下级服从上级的安排，能够把上级交代的任务指令，不折不扣地完成到底。传统管人，动嘴巴，靠权力。有人说：“如果我级别比你高，就是你的领导，你就要听从我的安排。”在如今的企业中，这种粗暴的管人方式已经不起作用，应该被制度、流程、绩效体系所代替。这样的“管”，更能做到客观公正，也更容易被员工所接受。

管事，就是想尽办法实现组织目标，完成组织使命。如何实现目标，也就成为管事的终极课题。但是，事与人是分不开的，因此管理者要充分调动人的积极性，才能把事管好。还有一些聪明的管理者，采用对事不对人的方法，既能够尊重员工的意愿，还能够赋予员工足够的权力和勇气，让他们主动去做事。

所谓“理”，就是事物的客观规律，抑或是道理、理念、处理事物的标准。有始有终是一种“理”；有理有据是一种“理”；辩证法是一种“理”；做事依据同样是一种“理”。笔者认为，管理的“理”，有以下几个含义。

第一个“理”，就是方法。想要取得发展，就要掌握规律，用正确的方法去处理问题。如果人们没有选择正确的方法，而是盲目行动，最终会为自己鲁莽的行为付出代价。

第二个“理”，就是规律。凡事都有自身规律，如果人们不遵循市场规律，甚至是干预游戏规则和市场规律，那么最后不会有好结果。

第三个“理”，是道理。所谓道理，就是让员工明白一些事情。比如目标是什么，岗位职责是什么，组织纪律是什么，为何要进行监督，绩效管理的目的是什么，为何要规范行为，为何要搞企业文化建设，为何要建立培训平台和晋升平台。只有让员工明白了这些道理，管理才能有效果。

第四个“理”，是理顺。简言之，一个管理者不仅要管，而且要成为组织中的润滑剂，理顺上级与下级的关系、人与事的关系、人与环境的关系。把“环境—人—事”三者之间的关系梳理流畅，让组织环境更加和谐，就会为管理提供一个绿色成长的空间。

“管”和“理”要同时进行，不能彼此割裂开。管理者只有一边“管”，一边“理”，才能把商业银行打理得井井有条、规规矩矩。

“始于规则”的精细化管理

一个企业，讲人情与讲规则，有很大区别。人无完人，每个人都有性格上的弱点，人情也因此会被某些人所利用，成为破坏组织环境的祸害。古往今来，打着人情旗号的犯罪也比比皆是，所以在管理方面，应该要尽量减少人情的掺杂，多一些规矩。规矩又是什么呢？没有规矩，不成方圆。韩非子则曰：“欲成方圆而随其规矩，则万事之功形矣。而万物莫不有规矩，议言之士，计会规矩也。”规矩是万物之根本。规矩就是规则，规则可能是法律、管理制度、纪律等，这些规则都带有一定的约束力，一旦被打破，就要遭受相应的惩罚。因此，在这些规则面前，人们要约束自己的行为，远离犯罪。

规则是一个国家、一个组织繁荣昌盛、走向成功的根本。万物始于法，终于法。管理始于规则，终于规则。如果没有规则，哪怕是小小火苗也会酿成熊熊大火，即使是小小蚁穴也会让千里长堤崩溃。

规则是管理的一味药，而且是对付“潜规则”的一味药。笔者记得有一位银行行长因为“潜规则”而落马，给所在银行造成数百万元损失。还有一些人利用“潜规则”在背后搞阴谋，其目的就是损公肥私。随着市场化逐渐完善，大家纷纷提到精细化管理，提到转型与改革，甚至还提到“壮士断腕”的决心，这就要求管理者有这样的魄力，敢于放下权力和人情，拾起规则与诚信。

精细化管理需要一只“手”，这只“手”可以是有形的，也可以是无形的。这只“手”，不是权力，不是手段，而是规则。人们还可以把精细化管理看成一个流程，持续不断地对这个流程进行优化、升级，才能让这个流程起作用。笔者还要强调一点：守规则不等于完全拘泥于条条框框，规则不是“钉子户”，而是改善人类生活的帮手。借助规则，人们养成良好的行为习惯，自觉遵守各种制度，认真履行上级交代的任务……这不就是精细化管理的精髓吗？

精细化管理的“四化”原则

最近电视上、报纸上提到极多的两个字是“匠心”，所谓匠心，就是拥有一颗工匠之心。一个工匠，能够向世人展示出惊世骇俗的作品，无论是工艺、设计，还是每一处细节，都很难挑出毛病。纪录片《大国工匠》记录了一群追求卓越的人，他们能够在平凡的岗位上做出不平凡的事。精细化管理，相当于在管理的岩石上用心雕琢，展示出管理的技巧和智慧，继而给企业带来生命力。

许多商业银行也在开展精细化管理的专项活动，比如山东某商业银行分行，提出“工匠 · 精细化”战略，在一年的时间内，对50个专项进行改进、细化。为此，该商业银行成立了专项改进委员会，然后明确任务和改进时间，明确专人专项、责任到人，甚至明确改进路径以及改进结果。最后经过一年的努力，50个专项有47个实现了优化、改进，并取得了明显成效。通过这个管理战略，该分行提高了管理竞争力，并且树立了品牌形象，为今后的转型、发展奠定了基础。

精细化管理是一种将思想作风、工作技能、责任意识、归属感和价值观连在一起的管理方式。它要求管理者认真抓好每一个管理环节，保证管理通道“环环相扣”。因此，管理者要坚持“四化”原则。

第一，专业化。

如果让一个烧锅炉的锅炉工去操作核电技术，恐怕核电站要停止工作了。让专业的人做专业的事，才是精细化管理的首要原则。例如，某商业银行为了提高抗击“三个风险”的能力，拿出大量时间、精力培养相关人才。这些人才回到自己的岗位上，不仅发挥了自己的专业优势，而且大大提高了银行的风险防控力。所谓的专业化，有三个方面的解释。

（1）专业人才从事对口领域的工作。

比如销售人才负责销售，内控人才负责内控，计算机人才负责计算机技术等。

（2）专注一个领域，在该领域拥有巨大优势。

比如某商业银行，致力于金融领域的管理、技术、创新、研发等，从而为客户提供更加专业的服务。

（3）专一做好一件事。

许多商业银行看到某些科技公司跨界取得了成功，便犯了“红眼病”，也要跟风模仿。盲目跨界，倒不如集中优势做好一件事。

第二，系统化。

管理不仅仅是一个通道，它还是一个大系统。在这个大系统里，还分着若干小系统。比如一个人的身体，有消化系统、血液循环系统、淋巴系统、呼吸系统、泌尿系统等，只有把这些系统理顺好，不让它们犯毛病，人的身体才是健康的。如果把人体比作一个企业，管理好这些系统，才能让企业正常运转。为了保证系统运转，管理者要不断对系统进行监控、评估，出现问题要及时给予纠正。对待落后的系统，还要想尽办法去改进。系统是脉络，脉络顺畅了，企业才能正常前行。

第三，信息化。

智能时代，商业银行要借助相关技术，实现银行经营的信息化、智能化。如果没有信息化，人们还将停留在物理检索时代。如果给老客户办理业务，还要消耗大量时间去档案室查找相关档案，想必这位老客户早就跑了。引入相关技术，会大大简化工作量，为客户节省大量时间。信息化还搭建了一个“沟通”平台。许多客户完全可以通过网络，向银行提供建议，或者反馈相关信息。另外，信息化提供了一个监督平台。客户可以随时监督银行员工的工作，员工也可以随时监督管理者的工作。

第四，数据化。

智能时代有一个特点，即把所有的矢量单位数据化。比如管理目标的数据化、管理标准的数据化、管理计划的数据化、销售数量的数据化、产品研发的数据化、客户信息的数据化。通过这些数据，商业银行就能找到规律，按照规律办事。有一位企业家说：“数据就是效益!”丰富的数据，不仅给管理者带来相关规律，还能给商业银行带来潜在市场。

除了“四化”，管理者还要把管理和执行量化，只有这样，才能了解到管理的力度和执行的进度，才能给自己提供数据参考。

精细化管理的八大意识

笔者认为，科学管理通常有三个维度。第一个维度是规范，从制度，到员工技能，到职业态度，都要有一个规范标准；第二个维度是精细化，就是凡事做细，注重品质；第三个维度是个性，尊重员工个性，注重产品和服务个性，是对组织和客户的重视。其实这三个维度，都属于精细化管理范畴。许多人把精细化管理当成一种企业文化去建设、传播，做出了不错的成绩。

精细化管理不仅只是细而精，还有大而全。注重细节只是一方面，其目的还是为整个组织服务。推行精细化管理不仅需要管理者有打破传统的决心和意志，更要树立起八大意识，才能让精细化管理在组织土壤里生根发芽。

1. 团队意识

军事家孙武认为：上下同欲者胜。只有上下一条心，才能取胜。《周易》中言："二人同心，其利断金。"两个人合作，有时候会呈现出"1+1>2"的效果。俗话说："众人拾柴火焰高。"只有树立团队意识，才能有向心力和战胜一切的合力。纵使一个人的能力再强，恐怕也强不过三个人的力量，况且当下是一个分工明确、靠团队不靠个人的时代，人们更应该树立团队意识。

2. 大局意识

有人说："精细化管理是一种精确到细胞核大小的管理，只要认真、精确，便会有效果。"但是更多人忽略了一个问题：为什么要这么做，这么做的目的是什么？如果没有大局意识，只是像一头老黄牛一样反复耕作自己的一亩三分地，就会与组织脱节。树立了大局意识，人们更能够与组织保持思想上、认识上、觉悟上的高度一致，进而能更好地服从安排，把工作做好。

3. 服务意识

说白了，商业银行就是一个服务机构，如果做不好服务，客户流失，效益下滑，就会逐渐被市场淘汰。"客户是上帝"不是一句空话，而是要求人们务实，扎扎实实地做好服务工作。因此，人们要养成良好的工作习惯，培养服务意识。只有这样，才能给客户带来更好的体验。

4. 节俭意识

笔者记得一位企业家曾说："如果一名员工不会为企业省钱，那么这个企业很快就会被高能耗所拖垮！"事实上，许多企业赚到的钱，不是高利润所得，而是从"跑冒滴漏"中一点一点节省出来的。节省是一种传统美德，还是一种习惯。如果大家都能够从"节省一张纸、一度电、一滴水”做起，就能够为组织节省一大笔开支。

5. 监督意识

有一些人一听到“监督”二字，就爱发牢骚：“我又没犯错，为什么盯着我?”既然是君子坦荡荡，为何担心被监督呢?如果一个人能够养成监督意识，就会不畏监督，坦坦荡荡做事，大大方方做人。

6. 诚信意识

商业银行是一个与信用打交道的组织，一旦失去了诚信，就无法在社会上立足。上到管理者，下到执行人，都需要树立一种诚信意识。诚信是金，服务是银，产品是铜，只有将金银铜结合在一起，才能给客户提供最好的体验，从而提高客户的忠诚度。

7. 规则意识

所谓规则意识，就是一种起源于一个人内心的、能够主动坚持规则，并以规则为行动准则的意识。大处讲，遵纪守法、遵守劳动纪律和规章制度是一种规则意识；小处说，自觉遵守秩序和规则，甚至在没有规则时，也能够凭借自己的道德和良知做出正确的反应，就是一种规则意识。

8. 危机意识

俗话说：“不进则退。”许多企业从始至终为员工灌输危机意识，从而让员工爆发出一种工作热情和不断进取的精神。大学士欧阳修认为：忧劳可以兴国，逸豫可以亡身。居安思危，不仅仅是管理者要做的事，而且是组织内的全体人员要做的事。就像《周易》所说：安而不忘危，存而不忘亡，治而不忘乱。只有这样，企业才能长治久安。

时不我待，能够抓住时机做出转变，就能成就一番事业，创造业内奇迹。

精细化管理常用的管理工具

许多人问："我们为什么要做精细化管理？难道传统管理走不下去了吗？"据某权威机构统计，世界 500 强企业的平均寿命为 40～50 岁，美国每年诞生新公司超过 50 万家，10 年之后仅剩下 4%。国内某上市公司高管说："某地区 20 世纪 90 年代诞生的企业现在依然存在的不超过 20 家，其他公司不是被市场洗牌，就是因为经营不善而破产。"一个企业如果不精打细算、从长计议，就难以长期经营下去。

如今，许多管理者意识到了这个问题，他们开始放下手中的工作，抽出时间去参加各种各样的培训交流会，甚至外聘专业管理团队作为顾问或者实行外包。除此之外，管理者要掌握并运用一些成熟的精细化管理工具，借助工具进行管理，会更加直接有效。常见的精细化管理工具有以下五种，管理者可根据组织实际情况进行选择使用。

第一种，SWOT 分析法。

SWOT 分析法也被称为态势分析法，该方法基于组织内部、外部的环境变化和竞争条件，分析出自己的内部优势和劣势、外部的风险和机遇。其中 S 是 Strengths，意思是优势；W 是 Weaknesses，意思是劣势；O 是 Opportunities，意思是机会；T 是 Threats，意思是威胁。通过这种方法，管理者能够清晰地找到企业存在的问题，以及与业内标杆之间的差距，从而实施精准有效管理，提高自身竞争力。

第二种，PDCA 循环。

PDCA 循环是著名质量管理专家爱德华兹·戴明所提出的，也叫戴明环。PDCA 循环最初针对产品质量管理，20 世纪 50 年代日本丰田公司率先引入并将其运用在生产管理中。丰田公司采用 PDCA 循环，大大提高了产品质量，使丰田汽车公司一跃成为世界汽车制造业的巨头。P 是 Plan，意思是计划、目标、方针；D 是 Do，意思是执行方针、执行目标；C 是

Check，意思是检查，从中找出问题；A 是 Adjust，意思是纠正，根据相关标准进行整改。如果管理者能够将这个“环”整理顺畅，自然就能提高管理执行力。

第三种，5W2H 分析法。

5W2H 分析法是第二次世界大战中美国陆军兵器修理部所创造的，通过问题提示法，查找问题缺陷，从而改进过程，寻找更好的解决方式。5W：Why 是为什么；What 是做什么；Who 是何人做；When 是何时做；Where 是何地。2H：How 是如何做；How much 是做多少。通过回答这几个问题，管理者可以对管理过程进行检查，找出问题，解决问题。另外，5W2H 法还可以用于自我管理，是一举两得之法。

第四种，SMART 原则。

SMART 原则，是世界上运用范围极广的管理工具。精细化管理的重点，就是将管理目标化。如果没有目标，企业如同迷失在大海上的帆船，难以抵达终点、实现梦想。Specific 是具体的；Measurable 是能够测量的；Attainable 是可以实现的；Relevant 是相关联的；Time based 有时效性的。通过 SMART 原则，管理者可以制订出科学有效的管理目标，并将管理量化、数据化、精细化。

第五种，WBS。

WBS，是英文 Work Breakdown Structure 的缩写，意为工作分解结构。如今，岗位划分越来越细致，任务目标划分也是如此，不仅要精确到岗位，更要落实到个人。WBS，就是将目标转化成任务，然后将任务分解成每一个具体工作，分解到每一个人身上，让每一个人去落实。这也就是人们常常提到的“人人头上有任务”。通过这种分解，企业可以形成一个由上到下的管理网络。这个网络不仅清晰，而且每一条线、每一个点，都有一个核心人物进行控制。

除了以上五种工具，商业银行还有专门针对客户销售所采取的“二八法则”等。只要对组织管理有意义的精细化管理工具，管理者都可以进行尝试、采纳。

精细化管理的“三大”原则

管理有两大难点：管人与管事。人难管，主要体现在执行不到位，员工不能够落实管理者布置的任务；事难管，主要是管理者疲于应付各种事情，却难以抓住重点，捡了芝麻，丢了西瓜。人难管吗？确实不容易管，尤其是企业遭遇危机，薪水不能够按时发放的时候，就容易失控。事难管吗？确实也很难。管理者不是神，不可能做出精准的预测。管理，看上去确实很难，在没有彻底找到规律的情况下，做管理完全凭直觉和运气。如果管理者能够坚持精细化管理的“三大”原则，坚持规范和标准，让流程和制度代替权力，或许能够取得不错的效果。

有一家地方商业银行，改革初期，完全处于一片混乱状态：没有客户，没有足够的实力，甚至连能牵线搭桥的人都没有。其中一个中层干部感慨：“如果经营不好，我们就会下岗！”

有这样的危机意识是好的，这会督促干部员工奋发图强，励精图治，凭借自己的本事找到一条出路。这家地方商业银行提前进行转型，希望精细化管理能够帮助银行“起死回生”。这家银行不仅进入互联网领域，与国内各大网站建立合作关系，在人事管理方面，也引入了人才竞争机制。员工想要拿到浮动工资和额外奖金，就要付出比平时更多的精力。

在销售方面，该地方商业银行长年不断地在各个社区做活动，一边宣传，一边发展客户。对于已经签订合作协议的客户，银行更是进行科学有效的客情维护工作，并且能够把新客户发展成为老客户，把老客户发展成为长期稳定的客户。正因如此，该地方商业银行并未退出市场，反倒“起死回生”，成为当地商业银行的佼佼者。

许多人误认为“精细化”只是把某件事做细、做好，或者督促员工做事认真，养成“检查作业”的好习惯。其实精细化完全是一项工程，对于商业银行来讲，这个工程不仅重要，而且规模大、施工难度高，需要管理者始终坚持“三大”原则。

第一，坚持高标准、严要求。

有些人认为，任务完成了，工作做得也不错，挑不出什么毛病，能够保持现状就是成功。事实上，许多管理者产生了这种想法之后，在思想上、管理上就会放松警惕，就会对自己的“关系户”网开一面。还有一些管理者，人们称呼其为“差不多先生”，就是只要差不多完成任务，就可以放松一点。其实，只有坚持高标准、严要求，才能够不断提高管理质量。

第二，坚持细分原则。

精细化管理的最大特点就是“精细”。如果把一个商业银行比喻成一个人的身体，精细化管理就是对人体进行精确管控，甚至连“一毛一发”的细微变化也要予以重视。就像维护一座大楼，检查每一个“砖头与砖头”的缝隙，才是精细化管理的最大特点。要细分到无法细分的地步，分解至人人头上都有自己的目标。除此之外，管理者还要明确“底线”，就是告诉执行者，什么事应该做，什么事不应该做。

第三，坚持“交点”原则。

就像一个建筑物，砖头与砖头之间有连接，钢筋与钢筋之间也有连接。人们把这个连接称为“交点”。就像一个岗位的“三班”，有人上早班，有人上白班，有人上夜班。三班轮换过程中，如果衔接出现问题，就有可能酿成大错。因此，管理者要把“交点”当成一项重点，不要给岗位留下空缺，更不能给管理留下隐患。借助这个“交点”，管理者才可以发力，让这个“交点”发光发热。

管理大师彼得·德鲁克认为：凡是重要的事，都得花上很多的时间，而且是完整的大块时间。不论是讨论一种新产品还是重大的人事决策，几乎所有的事情都是如此。只要管理者坚持原则，严格要求自己，对事不对人，坚持制度管人、流程管事，就能做好管理，为组织做出贡献。

案例解析 4：美国银行的服务之道

笔者记得有一位客户，从某商业银行网点走出来之后抱怨："把客户当成上帝？能够把客户当成客户就已经很不错了。"笔者得知，这个客户遭到窗口人员的"黑脸"。虽然业务办完了，但是客户心情非常不好。后来，这个客户将其在该银行所有的业务一律注销，换了另一个服务态度好的商业银行网点。

与某些商业银行相比，美国银行的服务态度简直好到令人不可思议。有一个刚刚到美国不久的华人，为了办理业务，来到当地的美国银行。刚刚进入大厅，便有大堂经理笑脸相迎，甚至还提供免费咖啡，以及通常只有国内 VIP 客户才能享受到的服务。来到窗口办理业务，银行工作人员始终保持微笑，非常有亲和力。即使客户英语表达能力有限，银行的工作人员依旧能够耐心给予回答。至于签名之类的手续，这个银行甚至提供"贴身秘书"，大堂服务人员鞍前马后，完全可以帮客户完成所需要的一切服务。美国银行的服务完全能够体现"客户是上帝"这句话的真正含义。

如果一个人在该银行成功开户，成为该银行的一名客户，那么他将享受到十分丰厚的"福利"。比如，赠送购物卡或者返现活动等。虽然许多人并不在意这点钱，但是美国银行的这种贴心服务，显示出强大的力量。它不仅为客户免去诸多复杂的工作，而且让客户感受到真诚的服务和品牌的力量。笔者认为，国内要学习和借鉴美国银行对待客户、专注服务的三种理念。

第一，沟通。

许多商业银行开展培训课，向广大员工宣传"沟通工作的重要性"。沟通很重要，这点即使无人提及，想必大多数人也明白。美国银行所提供的服务，能够自始至终地将沟通放在重要位置。如果客户存在疑惑，或者对某个流程感到不满，就需要服务人员及时给予沟通，消除双方的隔阂，将客户重新拉回到“谈判桌”前。沟通是一项具体的工作，它不是口号。许多商业银行是把沟通当成口号，没有把沟通当成武器。缺乏沟通的服务，很难体现银行的服务精髓和服务价值。

第二，规范。

所谓服务的规范，就是要求工作人员在服务客户的过程中必须做到以下这些：微笑服务，有问必答；彬彬有礼，和蔼可亲；端庄大方，沉着冷静；不急不躁，举止优雅。这是规范，更是服务标准。规范和标准，是精细化管理的两个重要元素。按照标准来规范服务行为，才能确保服务质量，为客户提供更优质的服务。因此，员工要常常问自己：“我按照标准规范自己的行为了吗？我时刻坚持这样做了吗？把客户当成上帝，是真心流露还是迫不得已？”只有“扪心自问”，多做自我省查，才能把服务做到极致。

第三，手段。

“手段”二字，似乎是一个包含贬义的词语。但是为了提高服务质量，抓住客户的心，采取适当的手段也是合情合理的。常见的服务手段有：提供“跑腿”服务，把自己当成客户的另一双腿，减轻客户的麻烦；提供“陪伴”服务，有些客户在排队过程中感到无聊，银行相关人员可以进行陪聊或者提供饮用水和报刊，以此留住客户；提供“福利”，比如美国银行为了发展客户，只要客户在该银行办理 VISA（维萨）卡，购买机票达到一定的数量，便直接赠送美国航线免费机票。为了客户，采取这样的手段，笔者认为是非常值得的。

除此以外，美国银行还向广大潜在客户人群提供便利的银行服务，比如自助银行服务等。客户按照操作方法，可以自行办理相关业务，无须驱车前往银行网点。即使在银行网点办理业务，由于其高效的服务，也不会占用客户过多的宝贵时间。服务是银行的生存根本，银行只有做好服务，才能在行业中立足。

第三部分

精细化管理实战

第八章

精细化管理的开展方式

精细化管理的开展方式有很多，比如借助互联网技术进行快速推广；借助顾问团或者“外部大脑”与组织进行直接对接，并提供相关辅导；活学活用精细化管理工具等。

借助互联网开展精细化管理

“互联网+”和“大数据”两个词，是如今热度极高的词语。“互联网+”的概念，就是一种“互联网+传统行业”的概念。以商业银行为例，“互联网+银行”就是一种互联网与银行的组合。“互联网+”是一种理念，或者说是一种新型体系。例如，许多实体经济与互联网进行结合，通过电商平台拓展自己的销售渠道。甚至有一些个体商户取消了实体门店，只保留货物仓储，通过“互联网+物流”，将货品直接发送到客户手里。什么是大数据呢？大数据也是互联网的产物，这种数据犹如人体身上数以亿计的DNA（基因），每一个数据都有可能携带着重要信息。与大数据相关的另一个名词，就是云计算。通过大密度、高精度的计算处理，人们就能够从大数据中找到重要信息，这些重要信息有可能反映出一个事物的规律，或者预示其未来一段时间的变化。如果人们能够充分利用互联网技术，就能够帮助企业实施精准有效的决策和管理。

“互联网+商业银行”的概念，并不是一个刚刚推出来的新概念。几年前，国内就有企业进行了尝试。比如著名科技公司浪潮集团，借助“互联网 + 企业”的概念实施转型发展，并且取得了不错的管理成果。还有一些地方商业银行，也在尝试这种做法，借助互联网改变管理者的传统思维理念，借助现代化管理工具实现商业银行的转型。笔者认为，“互联网 +”的概念，可以在以下四个方面为精细化管理提供有效帮助和支持。

第一，思维方式。

通常来说，一个人的思维方式决定一个人的行为，并导致相应的结果。转变思维方式，也就意味着改变行为模式，导致另一种结果。如今，许多商业银行管理者“叫苦不迭”：经营压力越来越大，效益还在进一步下滑。也就是说，如果还坚持传统的思维方式，不仅无法改变现状，甚至可能令企业越来越糟。许多银行管理者意识到这样的问题，于是借助互联网的优势，转变思维方式，尝试另一种管理理念和经营方式。

第二，工作流程。

以前，一个普通的贷款业务，可能需要经过签字、审核、批复等几十道关卡。如果有一个关卡，相关人员出差或者不在单位，这个审批业务就要中止了。这种“手传手”的流程过于复杂，常常需要客户等待 72 小时才能完成。互联网能够提供一个“互联网流程”，这个流程依赖于互联网和相关技术，只要稍加专业培训，许多人都能够顺利掌握。借助互联网进行优化，不仅可以提高业务处理效率，而且不受区域限制，大大简化了工作流程。

第三，决策分析。

笔者记得有一个企业老板是这么做的，他为了提高决策能力，每个月要求各部门干部、员工总结两份报告，一份是工作总结报告，另一份是市场调查报告。结合两份报告，该企业老板能够做出较为准确的决策。如果借助互联网云计算功能，管理者更能精确地找到市场规律，做出正确的判断。当下，许多商业银行有相关信息处理机构，专门为管理者提供相关数据。另外，互联网可以帮助管理者提高决策速度。1 号店创始人于刚认为，在智能时代，决策速度往往比决策质量更重要，自己更倾向于快速决策，只要大方向把握好了，就算中间可能会有一些挫折，还是要永不停步地迅速决策。

第四，商业模式。

智能时代，银行的商业模式也要进行转变。斯宾塞·约翰逊在《谁动了我的奶酪》一书中表示：生活并不会遵从某个人的愿望发展。改变随时有可能降临，但积极地面对改变会让你发现更好的奶酪，真是塞翁失马，焉知非福。商业模式的转变，已经成为不可阻挡的趋势。互联网能够帮助商业银行实现哪些转变呢？第一是流程体系；第二是零售业务；第三是现代管理；第四是全能化、智能化；第五是价值系统构架；第六是研发产品与增值服务等。

互联网不仅能够帮助管理者创新意识、更新观念，而且能够帮助商业银行打造全新体系，向“互联网＋”精细化管理模式转型。

借助“外部大脑”开展精细化管理

有一个从事运输行业的老板，前几年物流行业生意非常好，他因此大赚一笔。后来，由于运费下调等原因，这个老板打算转行从事其他行业。经朋友介绍，他投资2000万元进入专业仓储行业。

仓储行业，就是为物流公司或者快递配货点，提供货物储存、保管的行业。虽然这个行业与汽车运输业有关联，但完全是另一行。俗话说：“隔行如隔山。”这位老板虽然进行了投资，甚至连地皮也租赁好了，但是缺乏相关的专业管理经验，他只能高薪聘请了一个职业经理人为其打理。可这位老板还是不放心，后来又找到一个管理咨询公司充当“外部大脑”。两手准备才让这位老板彻底放心。

经过半年试运营，这个仓储公司不但没有赔钱，甚至还赚了150万元。这让老板看到了希望。为了进一步提高盈利能力和管理能力，“外部大脑”专门为其设计了一条企业管理流程。借助这套流程，这个仓储公司终于走上了正轨。两年之后，该老板在另一个地方再次投资5000万元，创办了第二个仓储公司。种上梧桐树，招来金凤凰。凭借扎实的管理和良好的服务，这个公司招来一只零售行业的“巨无霸”，再次让这位老板狂赚一笔。

金无足赤，人无完人。并不是所有管理者都能够做好决策、管理等重要工作。有时候，一个看似不起眼的失误，就会酿成不可挽回的损失。因此，越来越多的企业意识到：想要提升管理质量，需要借助另一只手。另一只手，通常指外聘智囊团。智囊团，是专门从事管理和相关服务咨询的公司，它能够给合作方提供合适的管理方案。简言之，智囊团的作用就是献计献策、提供辅导。钢铁大王卡内基表示：一个人事业上的成功，只有15%是由于他的专业技术，剩余的85%要依赖人际关系、处世技巧。软与硬是相对而言的。专业的技术是硬本领，善于处理人际关系的交际本领则是软本领。其中，他提到的“处世技巧”，就是一种关联性合作。俗话说：“三个臭皮匠，赛过诸葛亮。”由此可见，“外部大脑”比管理者一个人的脑瓜好用。那么“外部大脑”能够为管理者或者银行提供哪些方面的支持呢？

第一，提供精细化的解决方案。

许多企业，只有管理，没有解决方案。例如，某企业管理老化，企业效益严重下滑，企业管理者明知道企业存在的问题，但是拿不出解决问题的办法。“外部大脑”就有这样一个优势，不仅能够提供解决问题的办法，而且能帮助企业理顺管理、优化管理，设计出一套合乎企业发展的管理体系。管理者借助这套体系推行管理，就能够摆脱管理危机，走上精细化管理之路。事实上，许多企业都有这样的外聘智囊团，甚至还有专业审计公司、会计师事务所为其提供审计、盘账等专业服务。

第二，提供精细化的专业培训。

当下，许多企业重视培训，常常聘请职业培训师为员工、中层干部进行讲课。但是这种培训，主要以专业技能为主，比如针对销售或生产的专业技能培训。与这些培训不同的是，智囊团提供的精细化培训更有针对性，甚至是完全为企业发展而量身打造的培训方案。例如，有一个智囊团给一个化工公司提供安全、环保、产品工艺改进、设备改进、制度优化、考勤优化等专业科目培训，并且为该企业培养出大量专业技术人才和管理人才。

第三，提供精细化的配套服务。

许多公司管理落后的原因，并非管理者思想保守、没有雄心，而是相关配套设施严重拖企业发展的后腿。但是升级设备、引入配套设施，又存在一定的风险，这该怎么办呢？“外部大脑”就有这样一个作用——利用自己在某些领域里的特长和经验，为企业提供相关配套服务，比如引入信息化配套设备，对员工进行信息化培训；升级硬件设施，提高企业的劳动效率。

世界上著名的军事战略智囊团兰德公司，就曾为美国政府提供了大量研究数据和研究方向，经过数十年的跟踪，人们发现，这些建议大多数是正确的。“外部大脑”的作用，就是帮助企业顺利实施精细化管理，并且从中分到一杯羹。

借助工具开展精细化管理

为什么要实施精细化管理？一位商业银行支行行长认为，目前许多商业银行都存在管理效率低下、执行力迟迟得不到提升、没有凝聚力和服务意识、员工工作主动性差、“磨洋工”现象普遍、监督形同虚设等问题。这些银行管理不到位，严重依赖权力和惩罚措施。说白了，如果一个“羊倌”不挥鞭子，“羊”是不会听话的。这种被动的管理方式，不仅消耗资源，还要求管理者投入过多的精力。事实上，一个管理者60%的时间用于决策，40%的时间用于管理和部署。如果用于管理和部署的时间超过60%，就会严重影响到组织决策。

有一个地方商行行长叫老刘。这家商行原本是地方农村信用社，后来改换面貌，重新出现在人们的视野中。许多人对之前的农村信用社颇有微词，认为其服务不好，办事效率低，还出过完全可以人为避免的错误。人们宁可多走一公里，去兴业银行办理业务，也不会选择农村信用社。

如果说，兴业银行是"门庭若市"，那么农村信用社则是"门可罗雀"。为了解决这个问题，老刘从管理入手，决心打破陈旧的管理体系，走精细化管理之路。为此，他外出学习，并且聘请"外部大脑"进行顾问式的辅助管理。"外部大脑"为农村信用社提供的管理方案和管理工具似乎就像"特效感冒药"，对付让人头疼的管理问题，效果显著。老刘说："拿来主义虽然不好听，但是能够帮助银行改变现状，树立形象，这种方法也不失为一种好方法。"

借助精细化管理工具，农村信用社有了脱胎换骨的变化。不仅提高了管理服务水平，在引流获客、深挖客户需求等方面，也能够做到位。农村信用社的老客户慢慢回归，与此同时，许多新客户也愿意尝试农村信用社提供的惠民服务。

笔者认为，有五种管理问题需要管理者及时予以纠正。第一，管理粗放，管理效率低下，人浮于事；第二，有制度、无监督，有流程、无体系；第三，没有按照规则办事的习惯，完全依赖个人能力和做事胆量；第四，管理者和员工综合素质不足以支撑企业的发展；第五，缺乏创新意识和转变思维。许多企业可能存在其中一个问题，抑或存在多个问题。这就需要管理者活学活用精细化管理工具，快速做出管理转变部署。

如今，许多企业都在使用 ECRS 分析法去优化管理流程，提高工作效率和质量。那么 ECRS 分析法到底是什么呢？E 是 Eliminate，中文意思是取消，说白了，就是能够删减这个项目的话，就对其进行删减，在此之前要评估这个项目是否只是一截无关紧要的"阑尾"；C 是 Combine，中文意思是合并，如果上述项目不能删减，就看看有无合并的可能性；R 是 Rearrange，中文意思是重排，对流程各个环节进行重新排序，是优化流程的一个科学方式；S 是 Simplify，中文意思是简化，对于那些复杂冗长的流程，只有经过简化、“瘦身”，才能在管理中发挥作用。因此，许多管理者在采纳 SMART 原则和 5W2H 分析法的基础上，借鉴 ECRS 分析法进一步对各种流程进行优化，帮助企业找到更好的管理方向，优化管理流程，提高执行效率，让企业重新回到健康的发展之路。

IBM 前首席执行官郭士纳曾表示：一家公司里有效的战略执行是建立在以下三个基础之上的，即世界一流的业务流程、战略的透明性以及高绩效的公司文化。管理者借助精细化管理工具，同样也是为了建立这三个基础。借助先进的管理经验或管理工具，不是一种“拿来主义”，而是一种“活学活用”。俗话说：“不管黑猫白猫，能捉住老鼠的就是好猫。”如果现成的管理工具能够带来本质上的变化，管理者为何还要弃之不用呢？

第九章

精细化管理的“四大文件”

精细化管理离不开精细化管理文件，管理是微观的，管理文件可以让管理具体化、宏观化。因此管理者需要完善制度文件，细化各类表格文件，健全流程文件，落实各种程序文件。

完善制度文件

现代化管理需要两个“化”：一个是规范化，另一个是制度化。规范化非常好理解，一切与组织相关的活动，都需要有一个严格的规范。制度化亦是如此，靠制度去约束、规范人们的行为，比单纯靠权力去管辖，更具备约束力。

十多年前有一个农商银行，行长姓曹，对银行管理采取一种“军事化”管理，完全借助权力和命令的形式去管理。

后来，这位曹行长退休了，换了一个姓吴的行长。吴行长依旧按照曹行长的管理办法，但是随着市场化逐渐深入，这家农商银行存在的问题逐一暴露出来。首先，一个中等规模的农商银行，干部员工几十名，负责人事管理的人只有一个，而且还身兼多职。其次，没有明确的岗位职责，完全靠管理者分配监督。比如今天安排你做什么事，你就做什么事，后天交代做其他的，你就做其他的，完全是“即兴”

安排。最后，制度不健全。没有相关制度约束员工行为，个别人就打着银行的幌子为自己办私事，而这仅仅是冰山一角！

市场化之后，这家农商银行的效益严重下滑，丢掉了许多老客户和大客户。这家农商银行的新行长痛定思痛，决心改革。

制度是规矩，有制度才能规范管理。想要减少负面元素，管理者就应该引入制度，把制度当成管理武器。还有一些企业管理者会问：“我们有制度啊，为何管理还是屡屡出问题?”笔者记得有一位企业家有一个习惯，他总是把各种规章制度制作成“镜框”，然后悬挂在每一个车间、办公室最显眼的位置，让干部、员工抬头就能看到制度。久而久之，这些人大多能够背诵制度、解读制度，自然就会严格按照制度去做事。完善一项制度，需要让所有员工了解并遵守这项制度。只有这样，才能让制度在管理中发光发热。

通常来讲，制度是以“白纸黑字”的形式下发的。有一些企业有汇编的制度手册。如果企业招聘新员工，在对新员工的培训过程中，会人手发放一册汇编的制度手册，让新员工了解、学习相关制度。制度通常分为两个方面，一个是规章制度，另一个是责任制度。规章制度，是保障劳动者合法权益的一种制度，一般是由员工与组织管理方共同参与制定的，它代表着员工在企业中所享有的权利。责任制度，是保障组织方利益的一种制度，它要求干部、员工各司其职，有责任心，不互相推诿，不违反责任制度规定，它强调员工在享受权利的同时履行义务。对于这两种制度，管理者应该分门别类，分别进行整理与汇编。另外，有一些制度，就像一栋老房子，年久失修，存在隐患，如果不及时进行修补，就会出现问题。因此，人们能够看到，许多企业，甚至事业行政部门，都会定期对制度进行补充升级，就像防护软件定期修补漏洞一样。有一些正在实行精细化管理的企业，甚至会把定期升级的文件也进行有效保管，汇编成册，比如制度 1.0 版本、制度 2.0 版本、制度 3.0 版本等，这样方便管理者或执行者进行查阅。这个修改、升级的过程，更能体现企业在制度方面所做的努力。

此外，笔者还要强调，制度不是“死的”，而是“活的”。许多人认为，坚持制度就是坚持不变的管理思路。事实上，许多管理者在管理过程中，会根据企业环境的变化，对相关制度进行不断调整。著名经济学家道格拉斯·诺斯表示：看好的制度有效性有多长，关键是看该制度的灵活性有多大。因此，整理、汇编、完善制度文件的工作就显得十分有意义了。

细化表格文件

过去商业银行的负责人，能够借助两张表格实现选人、用人的目的。这两张表格，一张表格是一个人的履历、特长，另一张表格是一个人的既往表现。也就是说，一张表格能够反映出他的知识水平，另一张表格则可以体现他的职业水准和道德水平。通过两张表格，管理者可以快速地找到合适人员，任用干部。表格作为一种管理辅助工具，能够较为直观地为管理者提供参考和思路，而且能大大提高做决策的效率。

台塑集团创始人王永庆就特别喜欢表格，他曾表示：人无远虑，必有近忧，只怕不知警惕，不怕艰难；只怕没有计划，不怕起步慢。他曾经提到过一个“管理衙门”的概念，管理衙门就是部门很全，但是没有人干实事，这也说明了一个“执行难”的问题。“管理衙门”还有一个特点，就是官僚化。王永庆想要解决这个问题，就提出了一个“表格管理法”。这个表格管理法就是通过每一次过往工作留下的表格，进行总结、检讨，继而促进执行工作的规范化，从而达到精细化管理的目的。

据某权威机构调查，一个事情在发生之前，会出现 36 种征兆。例如，一个煤矿爆炸事故之前，会有粉尘积攒、空气不流通或者通风不畅、有明火引发点等隐患存在，如果提前建立预防性表格，定期按照表格项目去检查，就不会出现煤矿爆炸事故。有一些管理者是非常用心的，他们能够将各种存在的“隐患”制作成表格的形式，进行定期检查、辨识，找到存在的问题，及时进行改正处理，预防“隐患”发生。

前几年，浙江温州遭遇百年不遇的台风，许多企业遭到严重的袭击，且造成了重大损失。有一个商业银行网点，将各种危险源设计成表格，每一个办公室，甚至每一个角落都悬挂一份，并要求员工每一个月进行危险源辨识检查。

这个表格非常详细，涵盖87项银行网点存在的各种危险，比如漏电、设备陈旧、桌子的摆放不当、各种自然灾害等。除此之外，表格后面还有一整套“预防措施”和“安全评估方案”。每一个安全检查项目，都落实到每一个人身上。每一个人负责不同的项目，让安全责任化。

通过这种表格管理，该银行不仅在安全辨识方面做到位，而且在经营、内控、大堂管理等方面也做得很好。

王永庆讲到管理表格时，还表示，一个表格，一定要有一个标准，就是说，什么是对的，什么是错的。有了标准，表格才有效。如果一个管理者拿着一张没有标准的表格，任意打分，这样的表格就毫无意义，甚至沦为某些人的作弊工具。另外，管理者还要将表格和流程进行对接。笔者发现，有些商业银行要求每一名员工在自己的工作进程表格上签到，比如周一的进展、周二的进展。通过这个表格，员工还可以自我对照、自我检查。对于一个企业来说，这样的表格林林总总，数量非常多。许多管理者并不在意这些表格，认为填过的表格或者是几年前的表格，毫无用处，于是便集中销毁或者当废纸处理了。殊不知，这样做会让企业盘点过去几年的管理质量时，因为“相关数据”的缺少而无法进行盘点。将表格进行细化、分类、整理、归纳、存档，并由专人保管，这个工作是非常有意义的！王永庆认为，一个企业组织不能够实现管理合理化，与缺少表格合理化是有关系的。

管理表格并不仅仅是管理一张纸，一张普普通通的表，而是一种管理工具，抑或是管理检查工具。如果管理者好好利用表格，细化表格文件，就能够提高“管理—执行”转化率，减少管理失误。

健全流程文件

流程就是一个程序，就像一串计算机代码，只要启动，便按照一个既定设计的环节去执行，直到命令结束为止。许多人不能理解：流程到底有什么样的作用？万一流程出问题了该怎么办？事实上，如果将一个正确的、几乎没有漏洞的流程运用到管理中，不仅不会出问题，而且会大大提高执行力。例如，著名地产公司万科，其创始人王石总给人一种“在其位不谋其政”的感觉，甚至当时有人评价王石是世界上最清闲的老总。但是王石表示，即使自己离开万科一段时间，万科依旧可以正常运行。能够做到这一点，就是流程在起作用。在万科，并不是所有时候都要求下级服从上级，但是所有时候都要求所有人服从制度。万科有一个制度规则库，告诉员工遇到什么事情，应该如何做，而不是应该向何人请教。规范的制度体系使得万科内部很少看到复杂的请示汇报，提高了工作效率，降低了内部交易成本。

无独有偶，著名科技公司华为，也是靠流程运转的公司，甚至把流程奉为“管理圣经”。正如一位企业老总所说：如果一个企业拥有 1000 名工人，就必须借助流程和制度去管理，否则将会乱套。而流程再造大师迈克尔·哈默在《超越再造》中表示，许多公司精确地分析自己的经营情况，尽量采用最新的技术进步成果，应用最新的管理和激励方法，选派员工参加各种流行的培训计划，但是收效甚微。不久，美国的经理们开始逐渐领悟到：他们之所以毫无进展，是因为他们用解决任务的办法来处理流程问题。任务和流程之间的差别就像局部和整体之间的差别。流程是精细化管理的灵魂所在。

流程文件是什么呢？其实就是与企业内外部流程相关联的文件、表格。比如，一个电工在工作开始之前，会将一个电路图准确地绘制出来，借助电路图去实施维修工作。再比如，有些人喜欢从网上购买一些 DIY

（自己动手做）家具，买回来之后，需要按照DIY步骤，将家具组装起来。只要按照相关提示步骤，即使是复杂的家具，也能够组装起来。流程文件就类似电路图或DIY步骤。笔者认为，流程文件与流程同等重要。如果只告诉你一种药可以治疗各类炎症，而没有告诉你具体的服用剂量、如何服用、禁忌是什么，就有可能导致不可预知的后果。因此，人们常常看到许多生产操作界面都有一张标准化的操作流程，并特别强调，要严格遵循该流程去工作。

如今，许多企业，都有专人负责流程图的设计和绘制工作。大多数工作者，可以借助相关软件进行设计、绘制。一些组织，为了方便培训，还将流程制成可以进行多媒体投放的PPT（演示文稿）格式。还有一些设计者，将流程图标注上重点色，更是给人一种一目了然的感觉。绘制流程示意图，要力求简洁、直观、一览无余。一个简洁、直观的流程文件，就像药品说明书一样重要。笔者记得某商业银行将全部流程文件汇编成册，取名“流程手册”，且人手一本。该银行的行长这样解释：“人手一本的目的，就是让员工了解各个流程是怎么一回事，比对自己的岗位，应该按照哪个流程去做。以我的理解，‘流程手册’就像《新华字典》，需要的时候查一查，就会给你带来帮助。”迈克尔·哈默在《超越再造》一书中表示：公司走向以流程为中心，并不意味着要创造或发明它们的流程，认识到这一点是很重要的。流程早已独立地存在，生产着公司的产品。只不过至今为止公司中的人员尚没有意识到这些流程的存在。一线生产人员以及他们的顶头上司是那么专注于他们的具体任务和工作团体，以致他们无法看清各个流程；大多数高级管理人员则远离争论以致不能鉴别流程。所以，虽然流程一直存在，但处于一种分裂的、无形的、无名称的和无管理的状态。以流程为中心为流程赋予了它们应得的尊重。

由此看来，不仅流程非常重要，甚至连汇总、整理、健全流程文件，都是非常重要的工作。

落实程序文件

做事都需要有一个顺序，就像有一个笑话：如何把“大象”塞进冰箱里去？这个工作按照顺序分三步，第一步打开冰箱门，第二步把“大象”推进去，第三步关上冰箱门。比如银行针对客户销售有一套完整的程序，首先是引流获客，其次是接待客户、挖掘客户需求、把客户需求转化为实际交易，最后是签订销售合同、交付商品。每一个环节都是环环相扣、按照顺序进行排列的。笔者记得中学数学考试，有一些数学题需要学生给出解题过程，但是有些学生只给出答案而没有详尽的过程，最后老师只给一半的分数。这仅仅只是针对学生考试，对于管理与执行而言，同样如此。虽然管理者千方百计强调结果，但是“大丰收”是怎么来的呢？员工按照规律和程序，夯实自己的行动，才能换来这种结果。俗话说：“饭要一口一口吃，事要一件一件做，路要一步一步走。”一口就要吃饱，恐怕也消化不了。

程序是流程的具体形式，一个流程，需要借助程序才能启动。什么是程序文件呢？简单说，就是落实程序的文件。比如质量体系程序，相对应的就是一个质量程序管控文件。这个文件非常详细，不仅有步骤上的记录，更有相关工作的要求和规范。通常来讲，一个程序对应一个程序文件。就像写作文一样，程序文件也有自己的格式。如果一个企业想要落实程序文件，可以按照既定格式去编写。通常来讲，程序文件包括封面、开头、正文、结尾四个部分。

1. 封面

封面内容，可以直接用程序名代替，比如“销售人员营销程序文件”。另外，封面还应该带有企业名称、拟定日期、批准日期等。如果程序文件有过多次修订，还要标注修订版本，比如“销售人员营销程序文件 2017

版”。如果是内部不外传的程序文件，还要加密文件等级。

2. 开头

文件开头，也可以叫作刊头。加上刊头的目的，是便于文件的保管与储存。通常来讲，文件开头包括六个方面：①企业的名称；②程序文件的名称；③程序文件的编号；④生效日期；⑤受控状态；⑥文件版本标号。还有一些企业会在文件开头加重笔迹，或者用红字开头。把程序文件提升到核心文件的高度，更容易引起干部、员工的重视。

3. 正文

文件正文内容是整个程序文件的重中之重，所有核心内容描述，都在这里面。就像一个剧本的剧情桥段，才是其重点。正文内容又包括以下几个方面：①明确该文件的主要作用、适用范围；②明确责任人以及责任人的职责和权限；③对程序进行正确描述，描述语言要简单易懂；④如果程序文件包含其他相关文件，比如某一则法律条文等，要标注出处。如果正文内容包含一些检查、评估表格，还要以附件的形式附在程序文件的后面。

4. 结尾

程序文件结尾部分，要标注明确该文件的起草人、审批人、日期等。如有说明性文字，应该给予适当补充陈述。比如对正文部分个别“点”进行相关诠释和解读。

程序文件是程序的载体，如果没有载体，程序就会成为一句空话。许多企业的管理者意识到程序文件的重要性，不仅安排专人负责程序文件的管理，每年还有汇编成册的《程序文件》。只有这样，管理者才能让程序受控有效，才能让程序规范工作，体现出精细化管理的优越性。

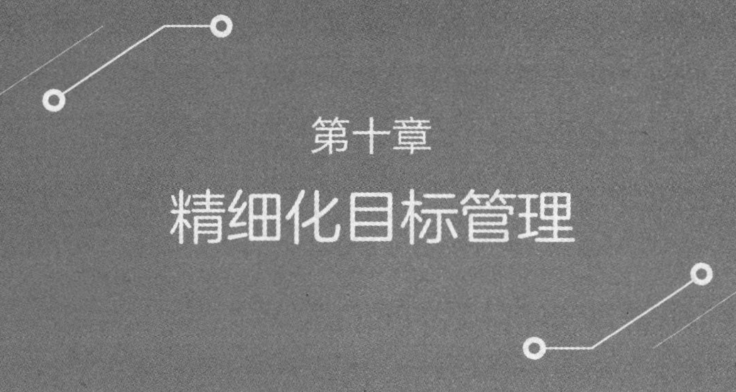

第十章

精细化目标管理

目标管理与精细化管理是“一奶同胞”，是相互关联的，甚至说，精细化管理也是为目标而服务的。因此，加强目标管理，能够加深精细化建设。这就要求银行的管理者要坚持科学地制订目标、分解目标、规范决策。

精细化管理与目标管理的关系

提到精细化管理，就不得不提目标管理。目标管理是1954年美国管理大师彼得·德鲁克提出来的，在《管理实践》一书中，他表示：管理者首先必须确定下属了解他的要求，帮助他们设定工作目标，并达成目标。因此他必须负责让下属获得必需的工具、人员和信息，提出建议和忠告，并在必要的时候，教导他们如何表现得更出色。目标管理，也叫成果管理，是以个人为中心的综合管理方式，也就是人们俗称的责任制。一切管理都要转化为目标，如果无法得以转化，无法实现目标，这个管理就是失败的。精细化管理是什么呢？就是注重细节，强调制度和流程的作用。这两种管理，看似有很大的不同，但是认真分析，可发现有许多可以结合、互补的地方。甚至有人说：“目标管理也是精细化管理的一部分。”

有一个发动机车间，刚刚接到总公司的生产计划，要求第一季度生产并装备3000台发动机。这个任务非常艰巨，一旦无法完成，公司就会失去一个重要客户。

于是该车间主任制订了一个生产目标，然后又将这个目标分解到几条生产流水线。有一个员工说："这样的任务，就像攀登珠穆朗玛峰——过去的最高生产纪录是一个季度2500台，3000台完全是挑战吉尼斯世界纪录。"为了实现这个目标，车间主任联合几个技术能手，再次对流水线进行逐一检查、升级；对待员工，他更是将管理制度和绩效指标结合在一起。他甚至还在车间里挂上宣传口号：决战一季度，争创开门红。

令人没有想到的是，该车间第一个月生产了1100台，第二个月生产了1150台，第三个月竟然生产了1200台，累计达3450台。不仅车间圆满完成了任务，而且每个工人还拿到了11000元的超产奖。还有一点非常值得肯定，3450台发动机的合格率为99.3%，也超过了99%的预期目标。

不难看出，该车间采取了一种目标管理与精细化管理相结合的管理模式，并且取得了不错的管理效果。事实上，精细化管理也有一个目标，这个目标与目标管理的目标是一致的。例如，如果一个人立志登上珠穆朗玛峰，他所准备的一切装备，也是为了登上珠穆朗玛峰。精细化管理也是为目标服务的。华为总裁任正非认为，管理控制的最高境界就是不控制也能达成目标。这里的不控制，就是无须人为参与，完全靠制度、程序、流程和绩效。其中，制度、程序、流程是精细化管理的概念，绩效则是目标管理的概念。"精细化+目标"管理，就是一种现代化、集约化的管理，因此不需要区别对待。笔者认为，坚持"精细化+目标"的管理，能够改变三个面貌。

1. 执行人的面貌

有些人认为，严格按照流程办事，就是把一个人当成执行环节里一个

"零件",不允许有个性方面的变化。目标管理有所不同,它强调员工的个性与积极性,能够充分调动员工的工作激情。如果一个员工把自己当成流程中的"发动机",而不是一枚简单的"齿轮",精神面貌就会焕然一新。带着一份好心情去工作,自然比坏心情时的状态要更好一些。

2. 管理者的面貌

有些管理者,在完善的流程、制度体系的帮助下,彻底地闲了下来。有些管理者不是游学,就是发展自己的个人兴趣爱好,对待管理工作,是一种无所谓的态度。还有些管理者,因为缺少奋斗目标,似乎也缺少了工作激情和上进心。如果连管理者都失去了热情,企业将如何发展?如果一个管理者有目标,有渴望,比如有两个五年计划,就会继续改进管理流程和管理制度,进一步提升管理效力。

3. 企业的面貌

以肯德基为例,肯德基是精细化管理的典型,也是目标管理的典型,为何这么说呢?肯德基的奋斗目标是建设成为世界最好的餐饮连锁公司。肯德基的所有管理工作都围绕着这个目标进行。因此,笔者看到的每一家肯德基分店,都有很旺的人气和非常好的形象。精细化与目标相结合的管理,不仅能够帮助企业实现目标,而且能够提升它们的外在形象。

精细化管理与目标管理,有时候像父子,有时候像兄弟。企业坚持二者相结合的管理,才是走现代化、精品化的管理路线。

科学制订目标

有人说:"一个人想要成功,就要制订目标;没有目标的人生,是摇摆不定的人生。"对于一个企业而言,科学制订目标亦非常重要。大作家列夫·托尔斯泰表示：要有生活目标，一辈子的目标，一段时期的目标，一个阶段的目标，一年的目标，一个月的目标，一个星期的目标，一天的目标，一个小时的目标，一分钟的目标。企业同样要有长期目标、中期目标、短期目标。目标等同于发展之路的“标杆”，走到一个“标杆”，说明实现了一个目标，走得越远，实现的目标也就越多。有人说：“设立目标，实现目标，再设立新的目标。这就是成功最快速的方法。”

有一个银行网点，刚刚成立两个月，网点大厅非常冷清，几乎没有一点人气，有人自嘲打趣道：“这里非常适合养老！”这家银行的行长老王非常着急，如果再这么冷清下去，这家网点早晚会被取消、合并。

为了解决客户少的难题，老王制订了一系列的目标、计划，尤其在营销方面，他将引流获客数、需求转化率等纳入绩效考核，还要求销售人员建立客户往来台账，对有过咨询服务的客户进行长期跟踪。另外，老王还将营销目标贯彻到各种活动中，比如开门红活动、社区亲民活动、卖场促销活动等。通过一系列管理和调整，这家银行网点渐渐有了起色。

在第一个开业季度没有完成任务目标的情况下，该银行在第二个季度就打了一个翻身仗。第三个季度，该银行网点仍保持良好的发展态势，并且与附近建材市场的600多个商户建立了合作关系。后来，这个银行网点还被评选为当地“十大优秀银行网点”。

目标的意义是非常重大的，如果能够把一个伟大的目标分解成若干个小目标，再把若干个小目标当成一步一步实现的台阶，只要坚持走下去，就能够实现这个伟大的目标。对于管理者而言，伟大的目标要能够通过积极的规划来实现，不能不切实际。管理者不仅要制订合理的目标，更要制订能够实现的目标。那么如何才能制订出科学的、符合组织发展的目标呢？

1. 让员工参与目标制订

有时候，一个决策者制订的目标，会让执行人难以适应。比如，有一位企业老总提出年销售额20亿元、利润2亿元的目标。这样的目标，看上去很美好，但是难以实现。目标不是简单的加减乘除，而是通过努力、通过突破重重障碍才能实现的。如果管理者讲民主，何不参考一下执行人的意见和想法呢？让员工参与目标制订，不仅可以提高员工的参与性和主动性，而且能制订出符合实情的目标。

2. 目标要具体化、数量化、规范化

目标不是一个梦想、一个轮廓，而是一个实实在在的东西。就像一个科学的数字结论，它必须是一个具体的、矢量的、符合规律的数字与文字的结合体。正如管理大师拿破仑·希尔所说：目标，必须是清晰而具体化的。数量化的目标，就是要精确到一个数字。目前100米短跑世界纪录是9秒58，只有跑进9秒58，才能创造世界纪录，9秒58便是一个具体的奋斗目标。制订规范化的目标，要确定完成目标的标准。如果没有标准进行规范，管理执行就容易偏离轨道。

3. 能力与目标相一致

假设员工只有3分的能力，如果挖掘其全部潜能，他也仅仅只有4分的能力，而制订的目标却要求他拿出10分的能力完成，这显然是不符合实际的。因此，管理者要反复研究目标，经常与员工进行沟通，制订的目标既要符合实情，又要有一定的挑战性。只有这样，管理者才能制订出科学有效的目标。

哲学家蒙田认为，灵魂如果没有确定的目标，它就会丧失自己。目标是管理的灵魂，科学制订目标是管理施政的根基所在。

科学分解目标

有一个人，在山上种了一片果园。但这片果园，只有苹果。果园的拥有者是一个农学院毕业的博士，他希望有朝一日成为“苹果大王”。

为了实现这个目标，他进行了许多次嫁接实验，希望培养出个头大、有一定酸度、适合榨果汁用的苹果。有人劝他：“老兄，这种苹果几乎没有市场认可度，还不如增加一些水果花样，比如桃子、梨、山楂等，种类丰富了，也能够形成一种差异化产品经营。”但是这个农学博士并未接受这个人的建议，而是一如既往地坚持自己的做法。

他把这片果园分成12个部分，每一部分采用不同的管理模式。有时候，他甚至会检查果园里的每一棵树的开花结果情况，并做详细记录。凭借这种一丝不苟的精神、科学化的果园管理技术，第一年下果季，他的苹果园亩产6300斤，第二年下果季，他的苹果园亩产7500斤，第三年，他的苹果园亩产8000斤……取得成功的农学博士说：“距离亩产10000斤，还有一定的差距，但是我想，只要精耕细作，科学管理，一定能够实现目标。”

除了亩产纪录外，他培养的苹果个头大、酸度高，非常适合榨果汁。后来这个农学博士与国内某著名果汁企业签约，每年供应大量苹果，并取得非常好的收益。

这个故事，与日本马拉松运动员山田本一经历有着相似的特点。1984年东京国际马拉松邀请赛上，一名名不见经传的日本运动员从数百名优秀的运动员中脱颖而出，取得冠军。1986年，意大利国际马拉松邀请赛上，山田本一再次夺冠。许多人认为，山田本一根本不具备夺冠实力，或许是赛事水平不高而已。事实上，这两次马拉松邀请赛，名将云集，山田本一能够夺冠，有两个原因：第一，他有一定的实力；第二，他采取了良好的战术。后来山田本一在他的自传中表示：每次比赛之前，自己都要乘车把比赛的线路仔细看一遍，并把沿途比较醒目的标志画下来，比如第一个标志是银行，第二个标志是一棵大树，第三个标志是一座红房子，这样一直画到赛程的终点。比赛开始后，自己就以相对较快的速度向第一个目标冲去，等到达第一个目标后，又以同样的速度向第二个目标冲去。四十几公里的赛程，就被分解成这么几个小目标轻松地跑完了。事实上，许多企业都在做目标分解的工作。如果将一个年目标分解成季目标，再将季目标分解成月目标，以此类推，就有周目标、日目标，企业只要圆满完成每一天的工作目标，积累下来，就会成功。通常来讲，将一个总体目标分解到每一名员工手里，需要走三步。

第一步：把远景战略转化成具体目标。

有的企业，有一个大目标和大计划，比如计划未来五年内上市。但是这个远景战略只是一个口号，不是一个实际目标。比如，一个企业上市，需要一定的规模、固定资产、良好的银行贷款信用等，如年销售额 50 亿元以上，竞争力、盈利水准都位于同行业前列。不论是销售总额还是同行业排名，都要有一个具体数字。因此，把远景战略转化为具体的数字和具体的销售额，就是分解目标的第一步。

第二步：把组织目标分解成单元目标。

某公司计划完成年销售额 50 亿元的目标，于是给不同的经营销售部门下任务。销售一公司 15 亿元，销售二公司 10 亿元，进出口公司 10 亿元，电子商务公司 10 亿元，多种经营公司 5 亿元。通过这种分解，每一个部门都有任务目标。要根据每一个部门的实际情况进行科学分解，比如遵循 SMART 原则进行分解。

第三步：把单元目标分解成个人目标。

就像上面的例子，某公司将任务分配给销售一公司后是年销售额 15 亿元，销售一公司一共有 8 个人，分别负责国内的 8 个不同片区。其中华东片区经理 2 亿元，华南片区经理 2 亿元，华北片区经理 2 亿元，西北片区经理 1 亿元……每一名片区经理头上都有一个分解的具体目标。“千斤重担众人挑，人人头上有指标。”这句话不只是一句俗语，还是一句管理名言、目标分解名言。

分解目标，就是让每一名员工都有事可做。许多企业还将个人目标与劳动绩效相结合，通过激励制度，提高员工的积极性，促使他们朝着更高的目标和成就前进。

科学规范决策

当下，许多管理者会遇到这样几种问题。第一种是决策不灵，管理者做出决策，但是在执行过程中，问题多多，阻力不断；第二种是决策错误，许多管理者做出决策，布置完命令，但是经过一段时间运行，发现决策有误，需要调整；第三种是决策引发争议，管理者苦思冥想做出一个决策，不但没有得到100%的支持，反倒议论声不断，很难让执行人接受并执行。

有一个老板，是一个非常霸道的人。所谓“霸道”，就是说一不二，不把其他董事会成员放在眼里，在决策层面上常常是一言堂。这种独断专行的做法，招来许多非议。

有一次，该公司有意上马一个项目，而且这个项目非常有前景。但是这个老板认为：项目虽好，隐藏的风险也是非常大的。经过一番考虑衡量，这位老板决定取消该项目的一切工作，将所有精力放在当前盈利的主流项目上。这个决策，再次招来非议。

有一位董事会成员说：“这种做法，完全是一种自私保守的做法。如果决策按照个人喜好来定，这样的决策不是决策，完全是笑话。”由于缺乏“弹劾”机制，这个荒唐的决策最终生效了。

几个月后，这个老板后悔了！看到其他上马该项目的公司大把大把地赚着钞票，他又准备上马这个新“项目”。

这种决策闹剧，完全是缺乏相应规范、制度所造成的。韩非子说：“智者决策于愚人，贤士程行于不肖，则贤智之士羞而人主之论悖矣。”意思是说，如果一个聪明的人做出的决策让愚蠢的人去衡量，圣贤的品德由不贤的人来评论，那么人品好的圣贤就会为此感到耻辱，君王的论断也必然是荒谬的。决策是一门学问，更是一种管理技术。由于其对组织运行的重要性，人们更加需要匡扶它、规范它，保证决策科学、合理、公平、有效。因此科学规范决策，要坚持以下三个做法。

第一，打破一言堂。

管理者做决策时，要打破一言堂，体现公平民主的做法。许多管理者把决策当成自己发布的命令，从来不听其他参与决策的人员意见，这是错误的。打破一言堂，就是剥夺管理者的“特权”，让决策成为一种“群策智慧”。

第二，少数服从多数。

一个组织做决策方案，方案通常会有 A、B、C 等几个不同的选项，有的人选择 A，会陈述选择 A 的理由；有的人选择 B，也会陈述选择 B 的理由，以此类推……不管是几个选项，总得有票数最多的一个选项。如果决策进入争论状态，就应该启动少数服从多数的方案，尽快做出决策。另外，绝对多数规则也是一种少数服从多数的规则，只是在这种规则中，要求超过 50% 以上的人支持，才能通过该决策。

第三，按照相关程序决策。

有些企业，缺少相关程序，决策完全靠管理者的一张嘴。这种决策，往往是不严谨的，缺少科学性的。因此，建立决策程序非常重要。管理者做决策，要严格按照这个程序，剥离自身权力，让程序监督决策过程。另外，企业还可以成立“决策专家团”，对决策进行相关把关和支持，运用科学的理论和技术，按照事物发展规律做决策。

另外，做决策还要坚持公开透明的原则。不要让决策成为秘密阴谋，要将决策的内容、依据等向广大成员公开，接受广大成员的监督。只有这样，做出的决策才能科学有效。

第十一章
落实各项管理规则

有好的规则，却不能进行有效落实，这样的管理，依旧是无效的。因此，商业银行的管理者们要想尽办法落实各项管理规则。规则得以落实，人的行为得以规范，才能体现精细化管理的精髓。

落实规则的重要性

“落实”二字，对组织管理而言有很多的含义。比如落实工作，就是把组织安排的任务执行到位；比如落实政策，就是把组织发布的政策通过一定的方式体现到位。落实，意味着责任到位，工作到位。没有规则，企业有可能会乱成一锅粥。有一个企业家说：“规则是为组织健康有序发展而设立的。”说白了，规则就是为企业发展保驾护航的。落实规则，就意味着企业通过规范人的行为达到责任到位、执行到位的目的。

有一对孪生兄弟，开了一个矿场。起初，这个矿场只有两兄弟负责开采。随着矿石的订单越来越多，他们招聘了30个人，并且成立了一个矿业公司。

公司成立后，并没有相关的制度规则。孪生兄弟觉得麻烦，只是按照简单粗暴的管理方法运行该公司。比如，工人每天工作10小时，每小时1.5美元，每天给工人15美元的工资，而且是日结。如果工人离职，便雇用另外的工人进行填补。

生产方面，更是没有相关细则。孪生兄弟只是交代："你们在下面工作，要小心谨慎，注意安全！"除了这句话，甚至连一个警示标语都没有。虽然矿场规模越来越大，但是安全隐患迟迟没有得到解决。后来，有一个顾问向孪生兄弟建议："还是制定一个规则吧，对矿场发展有好处。"孪生兄弟接受了建议，于是制定了规则，矿场里也有了相关提示，但也是仅此而已。按照孪生兄弟所言：这种事，还是要靠员工自觉。

有一年，矿场出事了。其中一个工人没有按照规则进行开采，导致严重坍塌，直接造成3人死亡，12人重伤。为此，孪生兄弟只能关矿，并进行了高达数十万美元的赔偿。

这是一个没有规则和有规则不落实的案例。现在的企业，规则是有的，可如何充分落实规则，需要管理者动动心思。落实规则应做到以下几点。

第一，借助制度。

有时候，完全靠自觉是不行的。有一个管理者说："除了圣人，任何人都会不自觉地做出违背规则的事情。"有些企业管理松散，干部员工完全按照个人意愿工作，迟到早退现象严重，甚至滋生出腐败。因此，管理者还要借助相关制度去约束人的行为，借助制度去落实相关规则。

第二，树立规则意识。

何为规则意识呢？就是一种发自内心的、让规则成为行为准则的意识。规则意识不只是意识，更是一种人生境界。著名作家屠格涅夫表示：人们的生命虽然短暂而且渺小，但是伟大的一切正由人的手所造成。人生在世，意识到自己的这种崇高的任务，那就是他的无上的快乐。不管环境如何改变，规则意识形成了，人就能够自觉去落实、执行。换句话说，规则意识决定执行力和劳动效率。

第三，遵守规则。

想要落实规则，就要遵守规则。把规则看成一种有权威性的文本，对规则产生畏惧感，就会潜移默化地遵守规则。遵守规则还是一种人格品质的体现，不遵守规则的人，往往人品有问题。张居正表示：天下之事，不难于立法，而难于法之必行；不难于听言，而难于言之必效。著名作家弗拉迪斯拉夫·莱蒙特认为：世界上的一切都必须按照一定的规矩秩序各就各位。遵守规则是落实规则的首要步骤。

《商君书》有云："圣王者不贵义而贵法，法必明，令必行，则已矣。"只有落实规则，把规则当成一种"法"，才能提高管理效力，让企业得到健康发展。

规范岗位职责

每一个工作岗位，都有相应的岗位职责。岗位职责是什么呢？就是为了确保任务完成而制定的相关规则。如今，绝大多数的企业都有岗位职责，有些企业甚至将岗位职责与岗位制度挂钩。笔者认为，岗位职责有六大作用：第一，岗位职责体现劳动用工的最佳配置；第二，可以有效防止推诿扯皮、不负责任的行为；第三，可以规范干部、员工的工作行为；第四，能够大幅度提高劳动绩效和执行力；第五，可以有效预防事故、出错，提高工作成功率；第六，借助以规范岗位职责为目的的绩效体系，可以有效激发员工的斗志，挖掘员工的潜能。一个企业不仅需要岗位职责，而且要规范岗位职责。

精细化管理犹如打理一支正规军，从着装到装备，从无条件服从命令到"轻伤不下火线"，正规军能够打胜仗也就不足为奇。杂牌军呢？没有统一着装，武器装备也是五花八门，甚至没有军令，完全靠自觉或者兄弟情义，这样的队伍打败仗也是不足为奇的。两者之间的区别，就是规范。某公司销售部的岗位职责是这样的：①要无条件服从总公司安排，遵守企业各项制度以及有关规定；②制订销售目标，定期做市场分析，建立产品定价策略；③制定销售策略，其中包括渠道策略、促销策略、活动策略、传统营销策略；④责任到人，工作目标到人，不得推诿责任，不得在岗位上从事与本工作无关的工作，态度端正，工作积极，思想进步，注重团结；⑤协助销售总监完善公司销售体系，梳理市场营销网络；⑥定期拜访或者回访客户，及时处理客户相关诉求；⑦负责相关合同的设计、谈判工作；⑧定期写市场分析报告，根据市场变化及时地调整营销策略，确保销售计划和销售目标的完成。通过这个岗位职责，人们就能看出岗位职责的范畴以及对相关人员的要求。岗位职责很重要，规范岗位职责更加重要。通常来讲，企业在规范岗位职责时要遵循以下三个原则。

第一，明确任务。

岗位是因组织任务而设定的。一个商业银行正常经营，需要设置人事部门、财务部门、后勤部门、内控部门、营销部门等，每一个部门都对应着一个任务指标。比如人事部门负责人力资源管理，目标是优化人才结构；内控部门负责商业银行的各类风险，目标是把各类风险率降低到规定范围之内。只有明确了任务，才能让岗位职责有意义。如果一个领导只告诉员工把货卖掉，而没有告诉员工多长时间内卖多少货，甚至也没有相关制度进行考核，这样的岗位工作，主观自由度就很大，员工可以卖一吨，也可以卖一万吨。

第二，分工协作。

德国哲学家叔本华表示：单个的人是软弱无力的，就像漂流的鲁滨孙一样，只有同别人在一起，他才能完成许多事业。如果让一个人掰断一根筷子，对他来说是小意思；如果让他同时掰断20根筷子，恐怕他就很难做到。一个人的能力毕竟是有限的，兄弟合力才能创造奇迹。如今，更多企业岗位要求员工要有协作精神，能够团结一心，精诚合作。甚至许多机构都在聘任培训师为员工培训“团队课程”。哪怕一个岗位上只有一个人，这个人同样也离不开他人的配合和帮助。

第三，“职、责、权、利”相协调。

所谓“职”，就是职位，一个岗位上可以有一个职位，也有可能有数个职位；所谓“责”，就是责任，员工要对自己的职位、岗位负起责任，对所做的工作负起责任；所谓“权”，就是组织赋予的权力，赋予权力的目的是让岗位人员有更大的工作自由度；所谓“利”，就是利益，有个人利益也有集体利益，通常来讲，先集体后个人是一种职业美德。因此，管理者需要让“职”“责”“权”“利”相协调，共同作用，才能让每一名员工发挥出更大的“战斗力”。

除此之外，管理者要规范岗位职责，还要实实在在地设定岗位。许多企业都存有虚设岗位，在岗人员也是敷衍了事、得过且过。要取消这类虚设岗位，保留必要岗位。只有做到有岗就有责、有责就有权、有权就有监督，才能让岗位职责有效。

明确管理流程

过去，一些企业管理依靠权力，一级压一级。还有一种管理只靠经验，归根结底，只能用一时，不能用一世。精细化管理，虽然也要借助一部分权力影响，但是权力在整个管理系统中，只能充当一种“辅助工具”。精细化管理，更加依赖管理流程。就像一个管理者编写了一套“程序”，只要点开程序按钮，管理就按照预先设计的方案进行层层推进。

流程是一个好东西，它可以把管理者从传统的管理岗位上彻底解放出来，然后让管理者把主要精力放在决策、打造智库、改革创新、开阔视野等方面。但是这样做的前提，就是规范流程。有一些流程比较复杂，需要层层审批，而且办理时间也较为漫长，因此就有人说：“原本只是一句话的事，签字跑手续就要浪费半天时间。”事实上，流程就是这样的，需要执行人完全按照这样的规定去做，才能规避风险，把事情做好。

许多生产车间流传着这样一句话：流程出效率。言外之意，如果严格按照流程去工作，就能够让执行力大大提高，提高劳动绩效。在这些车间，每一名员工在自己的岗位上各司其职，就像机械表里的齿轮，磨合越好，熟练程度越高，效率也就越高。著名管理学教授迈克尔·波特认为：企业的业务流程就像一个价值链，竞争不是发生在企业与企业之间，而是发生在企业各自的价值链之间。只有对价值链的各个环节实行有效管理的企业，才有可能真正获得市场上的竞争优势。因此，明确流程、规范流程，对企业的管理意义重大。那么如何才能明确、规范管理流程呢？

第一，梳理管理关系。

何为管理关系？就是管理过程中，人与人之间的关系。例如，有一个银行行长脾气很大，对待下属也颇为严厉。许多员工见到他，就像老鼠见了猫一样。另外，这个行长从来不做思想沟通工作，唯一的交流方式就是“工作汇报”。正因如此，行长与员工的关系非常尴尬，甚至有些紧张。在这种管理环境下，许多员工虽然认真做事，但不能完全达到他的要求。如果管理者与执行者关系紧张，或者存在矛盾，就会导致执行障碍。因此，管理者要做好内部关系的梳理工作。一方面，管理者要多与员工进行沟通，低调一点，民主一点，搞好人际关系，员工才能提高执行力；另一方面，管理者还要协调好下属之间的关系，在中间充当“润滑剂”的角色。管理关系梳理通顺了，管理环境也就好了。

第二，敢于承担责任。

某商业银行工作人员发牢骚：“我不想当领导的‘背锅侠’，只要有不好的结果，领导就会把责任推到下属身上，难道他们没有勇气承担责任吗?”事实上，宁推不拦或者善于“甩锅”的领导非常之多，甚至每一个组织都有这样的人。如果一个管理者连责任都不敢承担，人们就会质疑他的权威，甚至会对他的人品产生怀疑，久而久之，管理者失去了支持，连他推出的管理流程也不会被认可或者接受。因此，一名管理者要敢于承担责任，还要在组织内部传播这种责任意识，让全体员工养成这种敢于承担责任的习惯。

第三，明确管理流程。

管理者梳理管理关系和敢于承担责任，为管理流程提供了良好环境，环境好了，就容易进行流程推广工作了。如果一名管理者没有相关经验，可以外聘专业人士进行流程设计和推广。管理者还可以一边学习经验，一边摸索推广。流程就是一个“办事步骤”，每一步都需要有详细提示和注解。员工了解并掌握流程，才能成为流程的推动者和执行者。如果管理流程还不够明确，管理者就需要将流程制度化。

管理流程是一种规范，还是一种对员工行为的约束。流程可以保证管理有序和稳定。如果人们能够坚持流程管理，就能够保障管理质量，降低管理难度。

设计管理规则

规则是一个企业的管理基础，也是形成组织凝聚力和核心竞争力的灵魂。俗话说：“没有规矩，不成方圆。”如果不按规矩出牌，就会打乱规律，违背原则，酿成错误。作家亚历山大·赫尔岑表示：没有纪律，既不会有平心静气的信念，也不会有服从，也不会有保护健康和预防危险的方法了。设定一个规则规范人们的行为，可以保护企业的健康，预防各种风险。

有一个地方，渔业资源非常丰富。当地居民依靠渔业资源，逐渐走上了康庄大道。但是随着对金钱的欲望越来越大，人们对渔业资源的破坏也越来越严重。甚至有些渔民采用电拖网捕鱼，不论大小一网打尽。大鱼被抓没了，小鱼苗也所剩无几。

此时，有一些自觉性高的渔民怒斥那些用电拖网捕鱼的人：“这些人简直坏透了，连鱼苗都不放过，再这么下去，一条鱼也没有了！”为了阻止这种过度捕捞的行为，这个地方成立了一个渔业委员会，并制定了相关捕鱼规则。其中有三个条款针对匮乏的渔业资源：第一条，禁止用电拖网等违规网具捕捞，违者罚款3万元，并没收渔具；第二条，每年12月到次年3月、5月到9月为休渔期，休渔期偷捕者罚款3万~10万元，并没收渔具；第三条，每年定期定点实施鱼苗放养。

规则一出，可谓是立竿见影。滥用电拖网的现象不见了，偷捕者也大大减少了。休渔期间，这个地方开始推广“农家乐”和“休闲旅游”，让当地渔民收入有了翻倍提高。经过几年保护，当地渔业资源得到了恢复，并且形成了一个健康循环的生态链。

这个故事看似与企业管理毫无瓜葛，却能够证明规则的作用。对于一个商业银行而言，如果缺少规则，就会生出许多事，比如涉嫌洗钱、贪污腐败、金融犯罪、违规操作、挪用公款等。规则，并不只是针对银行职工和普通干部，还包括对管理者的监督和约束。因此，结合商业银行实际管理状况，设计一套管理规则是非常有必要的。

第一，选择合适时机。

大多数管理者明白，规则是管理之本，没有规则是万万不行的。但是有一些管理者看到组织出现了严重的问题，才提规则，此时为时已晚。还有一些管理者，喜欢在“乱”中立规矩，比如在组织处于危机或者变革过程中，才制定出规则，很显然，这样的时机也不是最好的时机。管理者在平稳经营期间，就应该设计规则、推出规则，让规则起作用。

第二，提炼价值理念。

有一些企业完全按照规则模板进行设计。就像抄作业，所有的抄袭者最后都会犯同样的错误。因此，照搬别人的规则常常会造成水土不服的情况，继而让规则失效。想要设计一个符合组织利益的规则，需要提炼组织价值理念。如今，每一家商业银行都有自己的企业文化精髓和价值理念，将这些精髓提炼出来，作为参考和辅助，才能设计出符合自身企业价值观和企业精神的规则。

第三，设计规则草案。

就像写作文打草稿一样，设计规则也需要一个草案。所谓草案，就是把商讨的意见、看法进行汇总，形成一个“试用规则”。通常来讲，草案可以有一个，也可以有几个。草案推出之后，需要经过一段时间的试运行，经过不断修改和补充，才能形成一个健全的、有效的规则。最后，这个规则还需要管理者签字、拍板，才能生效。

第四，设定配套措施。

设定配套措施，相当于给规则加上一套“保护装备”，有效保护或维护规则，使所有参与者尊重规则，养成规则意识，把规则当成行为准则。有些商业银行管理者，会对全体人员进行规则意识的培训，这种培训可以是有形的，也可以是无形的。设定配套措施，潜移默化地改变员工，让员工养成良好的工作习惯，可以保护规则。

一个企业，建立并完善规则，不仅是对组织的维护，还是对组织人才的一种保护。

监督的意义

有人说：“权力好比一辆车，动力越大，制动力也需加大，失去制动将会车毁人亡，失去监督的权力必然导致腐败。”有权就应该有责，用权就应该接受监督。

人人都想拥有无上的权力。拥有所谓“无上权力”的目的，就是显示权力的威力。纵观历史，挥霍权力，让权力肆无忌惮地蔓延，最后的结果就是失败。笔者认识一个某银行的行长，特别有权力欲望，恨不得把银行变成私人财产，把员工变成自己的奴隶。后来，这位行长因为挪用公款等违法违纪问题被查处。入狱后他忏悔道：“如果慎用权力，就不会走到这种地步。”对于一个管理者而言，慎用权力，秉公使用权力，把权力转化为管理效力，才能走上一条正确的人生之路。

如果人人头上有一把“达摩克利斯之剑”，人们就会低调做人、谨慎行事、小心用权。笔者认为，监督有三大意义。

第一，规范人的行为。

监督不是为了制约人的行为，而是规范一个人的行为。纪委的存在，制约为官者的权限，规范为官者使用权力。比如商业银行内部设有纪检监察岗位，这个岗位就像一只眼，时刻盯着银行行长及其他人员的工作行为。如果有人犯错了，纪检人员就会依照相关规定对该人进行调查，并将其移交至上级部门或者检察机关。

第二，体现民主。

人人都有监督权，敢于接受监督的人，是一个胸怀坦荡的人。俗话说：“若想人不知，除非己莫为。”如果一个人害怕被人监督，讨厌一双双眼睛，就说明这个人正在或者企图做不合规矩的事。这件事，很有可能还是触及法律底线的事。监督是一种人人具有的权力，这种权力越大，越能体现民主。

第三，树立正确的价值观。

如果一个管理者尊重自己的工作、自己的下属，就会自觉接受监督约束自己的行为，逐渐养成一种“三慎”的习惯。所谓“三慎”，就是慎独、慎初、慎友。所谓慎独，就是在没有监督的环境下，也能够做到表里如一、坚守本分；所谓慎初，就是扼住源头，哪怕有一点小小的苗头也要及时制止；所谓慎友，就是谨慎交友，尤其是拒绝以权交友、以利交友，防止这些“坏人”把你拉下水。管理者自觉接受监督，坚持初心和本真，坚守底线，就能树立正确的价值观。

监督是一种权力，更是一种执行问责的管理方法。尤其在今天，求转变、求改革的商业银行，更需要这种监督。

第十二章

意识的养成与转化

许多执行不到位的问题，不是因为执行人的能力有问题，而是因为执行人的意识不到位。幸运的是，许多商业银行的管理者意识到了这个问题，他们通过培训、拓展、“传帮带”等方式，让员工逐渐养成良好的意识与习惯。

浅谈培训的意义

著名企业家牛根生认为：培训是最大的福利。企业最重要的事就是培训，如果不能把你的员工培训到你想达到的标准，你就难以达成目标。如今，许多企业都在进行五花八门的培训，有针对团队精神的，有增强凝聚力的，有提高责任意识的，也有针对工作技能的。培训的目的在于培养一批适应力强的员工。“经营之神”松下幸之助认为：企业即人。员工是企业的最大财富，一个企业不能没有辛勤工作的员工。通用电气前 CEO 杰克·韦尔奇表示：一个首席执行官的任务，就是一只手抓一把种子，另一只手拿一杯水和化肥，让这些种子生根发芽，茁壮成长——让你周围的人不断地成长、发展，不断地创新，而不是控制你身边的人。你要选择那些精力旺盛、能够用激情感染别人并且具有决断和执行能力的人才。把公司的创始人当成一个皇帝，从长远来说这个公司是绝对不会成功的，因为它没有可持续性。

培训是教育的一种。俗话说："活到老，学到老。"企业为员工提供教育培训的平台，也是出于自身发展的目的。笔者有一位朋友，他是某商业银行的行长。此人特别重视培训，把培训纳入银行智库的一个重要环节。通过培训，该银行走出来一大批专家、精英。有的还在本银行工作，有的人被总公司提拔任命到更加重要的岗位上任职。这位朋友说："培训让银行以较低的成本获得能力高的人才，换言之，培训是一种低成本的'人才引进'策略。"那么培训到底有哪些具体的意义呢？

第一，形成共同价值观。

世界上没有两片完全相同的树叶，也没有完全相同的两个人。每一个人都有自己独立而各异的世界观和价值观。一个银行，或许有几十名、几百名员工，因此也就可能有几百个不同的价值观存在。想要让这些人"心往一处使"，就需要在管理方面下功夫。有些管理者采取多种方式，但是几乎毫无效果。最简单快速的方法，就是集中培训。企业借助培训，向员工灌输企业价值观和企业文化，让员工养成正确的思想意识和工作习惯。

第二，提升员工综合能力。

许多员工进入一个公司，并不一定从事与原专业相一致的工作。例如，有一个银行员工小张，过去是贸易专业出身，进入某商业银行从事客户销售工作。贸易与销售虽有相似之处，但是更多的是不同。为了适应岗位，银行安排相关培训。通过培训，小张获得了销售技能，并将这些技能直接运用到实际工作中。有人说，这叫"现学现卖"。不管如何，培训能够快速为员工进行"充电"，提升员工的综合能力。

第三，增强凝聚力。

前不久，某商业银行正在进行一期"凝心聚力"的培训课程，培训为期两天，一共有 8 个课时、32 个关于增强凝聚力的重点。通过这个课程，学员们认识到团结协作的重要性。一个企业，唯有团结，才能拥有竞争力。企业凝聚力越强，抗击风险、开拓市场的能力也就越强。企业效益好，员工也就跟着受益。另外，培训还可以提高员工的认同感和归属感。一个能够把组织当成家的人，才是组织真正需要的人。

第四，激励员工。

培训的方式种类有很多，并不是狭义地指在某个教室内上课、看 PPT。比如拓展、旅游培训等，也是一种培训形式。笔者记得某商业银行组织旅游培训，学员归来之后，个个朝气蓬勃、收获满满，就像是打了一针“兴奋剂”，效果显著。另外，培训还是培养“未来接班人”的摇篮。许多干部、管理者，都受益于各式各样的培训。管理者通过培训，可以提升自身竞争力和自我管理能力，在改造自我的同时，展现出领导能力。许多人把培训看作晋升平台，积极参与银行组织的各种培训。

另外，培训还是建立学习型企业或学习型银行的最佳方式。坚持以人为本的培训，更是一种有效投资。

意志品质的形成

由于坏账频发，各大商业银行纷纷展开清收工作。南方某地区商业银行响应号召，开展“大清收”工作。事实上，清收工作并不是一件简单的“要钱”工作，牵扯很多问题。比如，有一些企业客户经营困难，虽尚未倒闭，但是缺少偿还能力；还有一些企业客户，经营不善，贷款太多，甚至导致老板跑路，这样的钱更加难以清收。这家商业银行，负责清收工作的主任叫老吴，为了做好清收工作，他甚至开着自己的私家车，天天守在欠款客户的公司门口。

老吴还有一件马甲，马甲内外全是各个欠款户的名字及欠款金额。有时候来到一个公司，他便指着马甲上的名字说：“咱们的欠款不能再拖了，成了‘老大难’问题了！”有些客户实在过意不去了，便想尽办法让财务还款。还有些客户，实在没有还款能力，老吴就帮助其去下游清账，约定清账后的一部分货款按照比例交给银行。凭借这种坚韧不拔的工作作风，他帮助银行降低了风险，还被评选为省先进工作者。

人们常常听到“钢铁般的意志”这句话，一个人意志如钢铁，也就不畏惧任何困难和危机。哲学家康德表示：既然已经踏上这条道路，那么，任何东西都不应妨碍自己沿着这条路走下去。陀思妥耶夫斯基则认为：只要有坚强的意志力，就自然而然地会有能耐、机灵和知识。意志就是一种力量。如今许多“80 后”“90 后”缺乏时代历练，很难形成坚强的意志力。笔者记得一位银行行长说：“年轻是本钱，但是我在许多年轻人身上，难以看到意志力。害怕吃苦，害怕困难，做事三心二意，不能持之以恒，如何才能把工作做好?”因此，帮助员工培养过硬的意志品质，是非常重要的一件事。培养员工意志品质，可从以下几方面着手。

第一，强化纪律性。

意志品质不坚定，不能够吃苦耐劳，最直接的结果就是工作落实不到位，或者常常出现违反纪律的现象。因此，管理者要强化劳动纪律性。例如，有一个年轻人，工作未完成一半，就因为工作条件艰苦而停止了工作。负责人以违反工作纪律对其进行口头上和物质上的处罚，这个年轻人才开始继续工作，并坚持把工作做完。事实上，许多人意志不坚定，工作不够努力，与纪律严不严有直接关系。如果企业能够时刻强调纪律的作用，许多人就会给自己一种心理暗示：再坚持一会儿，一会儿就好了。

第二，拓展训练。

笔者记得某商业银行组织户外拓展训练，训练伊始，有许多员工不适应这种高强度拓展，有的停下来休息，有的叫苦不堪，有的甚至产生了中途退出的想法。但是经过拓展老师的引导和鼓励，这些意志力薄弱的员工，也能够在别人的帮助下逐渐恢复自信，战胜眼前的困难。拓展的目的有两点：第一点，增强团队之间相互协作的能力，培养团队的向心力、凝聚力；第二点，培养员工坚韧不拔和坚决服从的意志。

第三，借助绩效。

许多人不能够做好工作，是因为缺乏“制约”因素。比如，有些企业采取“大锅饭、一勺烩”的分配制度，员工不论干多干少、干好干坏，都可以拿到相应的工资。如果采取绩效考核，员工工资水平就一下子拉开了差距，工作态度好、意志顽强、能够超水平完成工作任务的，能够获得相当丰厚的工资；工作态度差、总想偷懒，抑或意志不坚定，不能够100%尽心的人，只能拿到其中一部分基础工资。由此看来，借助绩效进行管理在提升员工意志品德方面，也有着积极有效的作用。

另外，一些管理者借助“鼓励”法则提高员工的工作积极性和工作意志品质。营造积极、有序的健康管理环境，也可以提升员工的意志力。大作家罗曼·罗兰认为：最可怕的敌人，就是没有坚强的信念。如果一个人遇到困难就退缩，又如何胜任自己的工作呢？员工的意志力增强了，企业便是直接受益者。

有效培训的四种方式

有一个地方商业银行网点，在激烈的市场竞争面前，有些手足无措。有人向该银行行长建议，对员工进行培训，该行长听从了建议，于是找来许多“培训师”给员工、干部进行培训。培训课程也是五花八门。

然而，许多培训课程徒有其表，并无大用。事实上，这家银行缺少的是客户，管理者应该选择培训一些有关引流获客、挖掘客户、目标销售之类的专业技能的课程。虽然这家地方商业银行推行了“培训计划”，但是培训效果并不明显，销售业绩并没有任何起色。

后来，这位银行行长发现了问题，与其他干部、员工共同分析问题、查找问题，找到银行最需要“补血”的地方，随后加大了有关营销等方面的培训，比如销售技能、获客渠道、促销活动、攻关方法等培训。

许多企业的管理者都会犯这样的错误，认为培训比不培训好。但是不合理的培训，或者是缺乏针对性的培训，完全是浪费时间、浪费资源。因此，管理者要组织安排有针对性的培训，才能让培训有效。笔者认为，有四种较为有效的培训方式。

第一种，符合需求的培训。

一个人病了，需要有针对性的治疗。培训也是一种“治疗”方式，它能提高干部、员工的工作素质，提升工作执行力，帮助管理者解决“管理—执行”难题。比如银行得了“销售病”，就需要针对销售进行专业培训；比如银行得了“内控病”，就需要针对内控进行治疗。银行需要什么、欠缺什么，就要补充什么、培训什么。另外，管理者要时刻与员工保持良好的沟通。事实上，最了解基层状况的人是员工。管理者定期与员工进行沟通了解，才能准确发现企业的相关需求。培训就像治病，需要对症下药。盲目培训并不能为管理带来变化。

第二种，部门讨论会。

事实上，部门讨论会也是一种培训。许多人把培训看成授课培训，这是片面的。例如，山东某商业银行支行每个月末举办一次讨论会。在讨论会上，与会人员可以分享自己的经验、心得，甚至还有类似于“议题辩论”的环节，与会人员可以积极发言。通过这种讨论会，该商业银行在员工技能、组织管理等方面，都优于该地区其他商业银行的员工。讨论会，并不是聊天嗑瓜子，而是相互学习与借鉴，员工能够从中学习并掌握优良的经验和做事技巧，也会大大提升自身的综合能力。

第三种，言传身教的培训。

言传身教的培训可以说类似于师傅带徒弟。一个新人来到企业，都会跟着一个“师傅”进行学习，业务熟练，能够独当一面了，也就“出师”了。许多银行鼓励、提倡言传身教的培训，希望有经验的老员工能够将经验和所学传授给新员工，让新员工继续为组织发光发热。有人说：“世界上最好的教育莫过于言传身教。”笔者认为，世界上最好的培训就是手把手教育，言传身教的培训。

第四种，专题项目的培训。

有一些专题项目，并不是“补钙”，而是强化某些方面的意识。比如针对责任意识、团队意识、风险辨别意识、内控意识等，对其进行加强，可以有效提高“管理—执行”质量。意识上的欠缺，对于人们而言，或多或少都有。企业针对这些专项进行培训，也是非常有意义的。另外，专题项目培训并不是单一培训，而是一种系统培训。专题与专题之间存在着紧密的关系，能够让培训的“药效”更好。

有人说：“能够抓住组织内在需求和外在需求的培训，才是有效的培训。”商业银行管理者要深入研究，把培训当成深化管理的一种手段。

如何实现“传帮带”

在组织管理中，人们常常听到“传帮带”这个词，这个词由三部分组成。所谓“传”，就是传道授业解惑，通常常用这句话来形容老师教导学生；所谓“帮”，就是无微不至地帮助；所谓“带”，就是带领、引领，并给予一个方向指引。“传帮带”是一种师傅带徒弟、前人带后人、老师带学生的培训方式。“传帮带”可以是口传心授，也可以是手把手教。这种培训方式简单而直接，是非常有效的。

曾经有一个鞋匠，他做的鞋远近闻名，许多人不远数里都来此买鞋。鞋铺的生意越来越好，订单不断，为此他请来一个学徒帮忙。学徒来了之后，只是给鞋匠做基础工作，比如搬运材料、给鞋匠裁剪材料等。有一次这个学徒问鞋匠：“师傅，我想学做鞋，你能不能教教我？我学会了，能够给你提供更多的帮助。”鞋匠并没有直接答应他，而是决定思考后再做答复。

鞋匠回到家，把白天发生的事情如实地告诉了妻子，妻子听说学徒想要学做鞋，便非常谨慎地说："你千万不要教他做鞋。如果他学会了，说不定就会抢你的饭碗。到时候，恐怕你哭也来不及了！"鞋匠听了妻子的话，回绝了学徒的请求，继续让学徒做又苦又累的基础工作，后来学徒忍无可忍，拜另一个鞋匠为师。

几年后，这个学徒学成归来，也开了一家鞋铺。他的手艺比老鞋匠的手艺还要好，而且鞋子的价格更便宜。他身边有十几名徒弟，个个懂得做鞋。又过了一年，这个学徒几乎占领了当地整个市场，老鞋匠的生意一落千丈，最后只能关门。

俗话说："教会徒弟，饿死师傅。"许多管理者担心员工超越自己，对自己形成威胁，便凡事留一手。事实上，这是嫉妒心在作祟。如果一个人用心学习，想要得到技能，即使你"封锁一切信息"，他也能学会本事。另外，一些企业只是把"传帮带"当成口号，真正有心去做的人少之又少，甚至到了员工"求学"无门，只能靠摸索自学的地步。这听上去，是一件很让人寒心的事情。

有一位商业银行行长曾解析"传帮带"，他表示：如今，出现一种"用工荒"，这种"用工荒"不是指缺人，而是指缺少有本事的人。一个小小的银行，常常一点小事都解决不了，还需要外请专业人士帮忙解决。自己的员工解决不了，说明银行人才资源太过匮乏。听说某某行有一个能人，各大银行都在想尽办法去争取。既然如此，管理者为何不采用"传帮带"的方式培养有才能的人呢？

更多时候，人们把"传帮带"看成是一种无私的行为。言外之意，我帮助你，只是我的品德高尚，与其他无关。但是在组织里，"传帮带"是一种责任。管理者有培训员工的义务，更有为企业打造人才智库的责任。"传帮带"还能体现一个人的胸怀。就像故事中的鞋匠，他小心谨慎，拒绝学徒，只是为了保住自己的饭碗；学徒的成功，却是一种胸怀宽广的表现。商业银行管理者应该学习那些借助精细化管理、能够无私"传帮带"、无限扩大规模、有市场竞争力的公司。做好"传帮带"，就是将接力棒交接下去，让其他人继续完成未完成的使命。

"传帮带"是一种传递，更是一种双向沟通。通过"传帮带"，团队关系更加牢固，凝聚力也就更上一层楼。

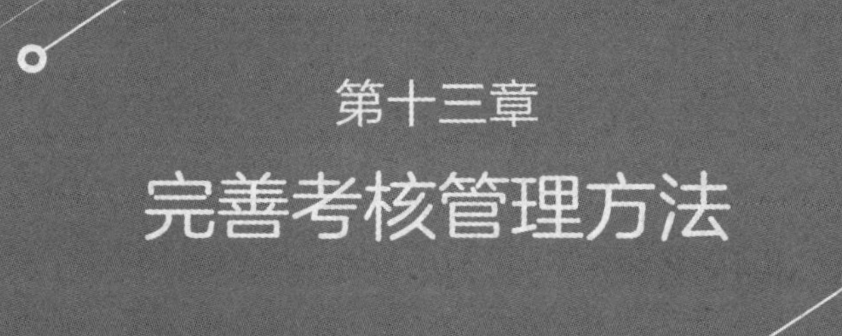

第十三章

完善考核管理方法

考核是一个管理武器，借助考核，管理者能够找到问题、纠正问题。因此，管理者要了解考核的“六大误区”，坚持考核“三步走”战略，借助合理有效的考核方法，实现考核目标。

为什么进行考核

何为考核？如果对其进行拆解，“考”是考察，“核”是核实。就像考试一样，学生平时对知识掌握的情况，通过考试就可以见分晓。考试成绩好的学生，自然学习扎实；考试成绩差的学生，可能没有认真学习。考核也是如此。如果一个员工考核成绩不佳，90% 与他没有认真工作或工作态度有问题有关。通过考核，管理者可以判断员工的工作状况，诊断出员工执行力方面存在的问题。

20 多年前，商业银行管理还不像现在这么精细，许多银行依旧延续“大锅饭”的机制。员工只要“混”到月底，不犯错误，就能够如数领到工资和奖金。

南方某商业银行行长意识到这样做的弊端，决心进行改革。于是，他试图打破常规，引入先进的考核机制。他有一个观点：有了考核，大家就会更认真一点，谨慎一点。抱着提升个人管理业绩的目的，他实行“1+1”考核。第一个“1”，是对员工的日常行为表现进行考核，主要是组织纪律、思想状态、团结互助等方面；第二个“1”，是对执行结果进行考核。通过这种方式，过去的一些“刺头”或者“懒汉”也开始认真工作了。

这个行长开展考核管理20年，取得了业内佳绩。该银行也成为该省50佳银行网点之一。

如今，考核已经成为一种成熟的管理工具。这种工具被广泛应用于企业、组织的内部管理。管理者借助考核能够有效地衡量员工的工作状况，结合规范标准，提高员工的能动性。笔者认为，考核有四大意义。

1. 了解员工对组织的贡献水平

笔者记得刚刚入职的时候，所在单位领导就采取考评打分的方式衡量一名员工的贡献。比如完成任务60分，组织纪律20分，工作态度20分，有的人能够得90分，有的人只能得50分。通过考评打分，管理者就能直观地看出，哪一名员工更加出色，哪一名员工存在问题。许多企业都有自己的考评表，考评表对应着许多项目，管理者针对这些项目逐一进行打分考核。许多员工担心落后遭人嘲笑，便积极起来，不做企业的“拖油瓶”。

2. 为薪资分配提供依据

“平均分配”是指员工不论干多干少，一律都是相同的薪水。事实上，这种分配制度极其不公平，尤其对于那些出力多、贡献大的员工而言，更是如此。组织管理讲究公平、公正、透明、合理，因此在薪资分配上也要打破“平均分配”的制度。许多企业都能够坚持“按劳所得”的分配方式，谁贡献多、出力大，谁就拿高工资。考核的目的，就是衡量这种贡献值。另外，许多管理者发现，拉大收入差距，可以有效激发落后者的战斗力，从而令其奋起直追，向优秀的“排头兵”看齐。

3. 可以激发员工潜能

面子是一个有趣的东西，它能够激发人的潜力，让人缩小与优秀者的差距，并自信地说："看，我也行!"通常来讲，考核能够让人朝着积极的方向发展。有了考核，大多数人能够改变懒散无压力、效率低下的精神面貌，集中精力，挖掘自身潜能。

4. 为晋升选拔提供依据

过去，干部选人是两种模式，一种是选择关系好的亲信，另一种是选择成绩突出的实力派。现代管理，摒弃"个人喜好"选人法，坚持选择能力出众、各方面均衡，且有一定领导力的人才。因此，考核就为这种选人法提供了依据。借助一张表，管理者可以了解某个人既往的工作成绩、岗位表现，然后"优中择优"，为选拔干部提供合适的人选。

除此之外，考核能够让管理者了解员工的技能、心理状况，推出有针对性的培训、教育课程，打造培训体系，进一步优化人力资源。许多管理者整天忙于管理工作，对员工了解有限，考核能够排除"盲选"，让其找到适合企业发展的干部和员工。

考核的"六大误区"

有人说："最好的管理就是绩效考核。任何工作、环节，都可以套用绩效考核。"可以说，绩效考核就像一把万能钥匙，可以胜任多个角色。笔者认为，考核最直接的作用有三个：①能够给执行人带来一定的压力，让其更有工作动力；②能够让组织管理更加公平，方向更加明确；③能够减轻管理者的工作，为管理者提供重要的参考数据。然而，有一些管理者常常流于极端，为了考核而考核，给人一种因小失大的感觉。

有一片森林，森林里都是古树、大树，林业资源十分丰富。后来有一个林垦单位来到这里进行开采。最初，上级没有任何开采指标，因此林垦单位以保护代替开采。几年来，开采一直按照科学的既定方案进行，保护古树，开采大树，种植小树……

后来，该地区越来越发达，对木材的需要呈几何增长。林垦单位为了提高开采量，采取绩效考核方式。但是林垦单位的领导，并未再次强调“开采与保护”的平衡关系，而是强调“产量代表财富”。为了提高开采量，林垦单位的伐木工降低了选材标准，开始过度、无序伐木。这几乎造成当地林业资源不可逆转的损伤。当地森林资源遭到破坏的同时，整个生态环境也被改变了，动物资源因为森林退化也遭到毁灭性打击。有一个护林员发出感慨：“如果不是为了指标而去过度开采，就不会走到这种地步。”

许多企业，有时候也有“为考核而考核”的行为，在强迫员工完成一个目标的同时，损害了其他方面，甚至“拆东墙补西墙”。考核不是目的，考核只是一种管理催化剂，它能够充分体现管理的“三个维度”。因此，管理者要避免考核的“六大误区”，把考核当成一种改善工具。

第一，只依据事后考核确定工资奖金。

许多管理者借用考核，就是为了以此为依据确定工资奖金。许多企业都有考核表，月底由专员进行考核打分。笔者记得有一家地方商业银行进行考核工资的发放，评分高的月薪拿到 1 万多元，评分低的甚至一分钱都没有拿到。没拿到钱的员工不服气，抱怨道：“我们也是天天上班，没有缺勤，至少也应该有个基础工资和全勤奖吧。”这种极端考核不但无法激发员工的斗志，还会让某些员工无法接受。正确的工资应该由基本工资与考核工资两部分组成，企业拿出一部分进行考核，既能拉开差距，又能保护员工的利益。

第二，考核要求太高，不具备可操作性。

考核是一种简单的管理工具，虽然操作非常便捷，但是制订考核目标必须遵循规律和实际状况。让一群刚刚能够征服泰山的人马上去征服珠穆朗玛峰，显然是不现实的。管理者设定考核指标，首先要遵循规律，其次要符合实情，最后要有考核依据。

第三，考核流于形式。

笔者认识一个某公司的中层干部，他曾经表示：所在公司每年组织考核，但仅仅是走过场而已。全公司一百多名干部，考核打分几乎都是满分。这种结果真实吗？答案显然是否定的，甚至有一些干部“买分”，只要给他打高分，他便施恩惠于他人。

第四，考核信息收集不全。

有些企业管理者，只是把考核工作交给人事部，让人事部全权负责。事实上，人事部除了收集内部信息外，对于市场信息、企业外信息，都是从网上查阅或者电话询问得来的，收集信息的过程存在一定的困难。所以管理者要赋予人事部更多的权力，或者授权让其他部门配合人事部进行信息收集工作。

第五，把考核当成罚款工具。

某地方商业银行就有这么一个荒唐的做法，凡是考核不达标的人，按照每一项进行扣罚，罚款金额从 20 元到 500 元不等。有的员工任劳任怨，工作到月底，因为一些考核项目没有达标，便被处以罚款。更有甚者，管理者私吞了收上来的罚款。这种罚款式的考核，只会招致众人的非议。

第六，照搬其他公司的考核。

这种照搬，有点像过去某些公司直接借鉴其他公司的管理经验一样。“拿来主义”并不是拿过来就用，也需要分析使用。事实上，具体考核形式及标准难以复制，管理者必须根据实际状况进行量身定制。

考核同样需要有一个目标，或者一个计划。它的目的在于鼓励员工，而不是惩罚员工。考核既要“考”，又要“核”，只有这样，才能对管理有效。

考核的“三步走”战略

许多企业都对员工进行考核，希望借助考核夯实管理。但是在许多员工的眼里，考核只是一种处罚工具。笔者听到过这样一种声音：“考核就是为了罚款，少给我们工资!”甚至有老板，利用考核来减少支出。当然，这是个别现象。管理者想要发挥考核的作用，就需要让考核变成一种能够提高执行力、激发员工干劲的工具。通常来讲，考核具有以下“三步走”战略。

第一步：确定考核指标。

确定指标，就是设定目标。例如，某企业想要实现月利润 100 万元，考核的指标就是月利润 100 万元。有了目标，才能有方向。“钢铁大王”卡内基认为：朝着一定目标走去是志，一鼓作气中途不停止是气，两者合起来就是志气，一切事业的成败都取决于此。管理者要想在管理上取得成效，就需要确定考核指标。那么考核指标该如何确定呢?

以银行为例，银行针对客户经理进行考核的“点”有维护客户、整体业绩、综合管理、控制不良货款率、岗位专业度、平衡性等。针对柜员进行考核的“点”有服务质量、业务差错、业务量、临柜知识、综合评价等。这些“点”对应着员工的工作任务。企业推出这样的考核，才能全方位地覆盖岗位。通常来讲，人们常常使用 SMART 原则确定考核指标，既能延续总行的整体目标，又能够向下级部门传达分解目标。

考核指标有四个特点：①权威性，考核指标是衡量整个组织利益而得出来的；②衡量性，考核指标不是一个模糊的概念，而是一个具体可以衡量的数值；③结果性，考核指标就是一种结果，这个结果对于管理而言，是非常关键的；④辅助性，考核是管理者的一把武器，能够辅助管理者进行综合管理。

因此，确定出科学有效的考核指标是非常重要的。

第二步：确定考核人物。

一般来讲，考核人物由各部门管理者进行负责。个别组织，考核也由专门的“考核部门”负责。

高层一般只是考核下级，而不被其他组织考核或监督，这会滋生腐败。因此，对高层进行考核也是非常关键的。通常来讲，由董事会对高层进行考核，或者由更高一级的监管部门对其进行考核。

中层考核一般由更高一层的管理者直接负责。例如，行长考核各部门主任、经理，或者专门负责考核的部门对其进行考核。

基层考核完全可以由中层干部负责。

如今，一些企业组建考核小组，并建立考核责任制。如果是商业银行总行或者分行，可以采取这种办法进行考核；如果只是营业网点，则可以直接采取一级压一级的分解式考核办法。

第三步：管理考核结果。

考核的最终目的是什么呢？简单奖罚还是改善管理？如果从精细化管理的角度出发，考核是为了进一步优化管理，夯实管理。

对于考核结果较好者，管理者要及时给予嘉奖，并且找到其“身上的优秀者 DNA”，并将这种 DNA 进行推广。

对于考核结果较差者，管理者不能盲目地采取批评或者处罚，而是应该与其进行沟通，找到存在的问题，想办法帮助其克服困难，解决问题。一些管理者“恩威并施”，对考核结果较差者也能够一视同仁，为其提供资源，以此作为激励。

考核可以纠错。通过考核，管理者能够发现并找到隐藏在管理中的问题。笔者记得一位银行管理者说：“考核的一项任务，就是查漏补缺，完善体系。”由此看来，考核确实是一项非常重要的工作。

考核的方法

许多管理者都把管理看成一个无解的难题。笔者记得有一位商业银行行长感慨道："做管理总有使不上力的地方，或者总有触不到的地方。"考核能够帮助管理者找到那些地方。考核结果是一个具体的、精确的数值，这个数值能够反映出三个方面。第一个方面，业绩。企业会给员工布置任务，完成任务就是实现业绩。第二个方面，能力。能力强者，通常考核分数较高；能力弱者，通常考核分数较低。第三个方面，态度。工作态度好的，通常考核分数较高；工作态度差的，通常考核分数较低。一般来说，业绩最重要，占总考核的60%，能力和态度各占考核的20%。考核的方法也多种多样，管理者可以根据所在组织的实际经营状况，自由选择考核方法。常见的考核方法有以下几种。

第一，硬性分布法。

硬性分布法是一种结果考核法，按照"两头小、中间大"的分布规律，先确定等级，然后将考核分数由高到低硬性排入，由此就能形成一个员工等级分布表。硬性分布法一般分为五级，比如优秀、良好、一般、较差、差。这种考核方法易于掌握，操作简单，非常直观。给晋升、提拔等工作做辅助，效果不错。

第二，图尺度评价法。

这个考核方法是当下应用较为成熟的一种方法，要求企业罗列出需要考评的元素，甚至还对应罗列出绩效分数。以商业银行柜员考核为例：工作结果占 30 分；工作能力占 30 分，其中业务执行 8 分、工作改善 6 分、客户沟通 8 分、知识能力 8 分；工作态度 40 分，其中服从 8 分、合作 8 分、勤奋 8 分、负责 8 分、适应 8 分。这种方法非常实用、直观，但是存在一定的缺陷。比如不能够对员工做出指导性说明，得出的绩效结果准确性略差。

第三，关键事件法。

这种考核方法是由两位美国学者弗拉赖根和贝勒斯于 1954 年提出的。这种方法只针对工作中的关键事件进行评估和打分。这种考核方法并不被单独使用，而是与其他方法"联姻"使用。负责考核的工作人员对员工在关键工作中的行为进行详细记录，并收集大量证据，从而分析该员工的工作效率。负责考核的工作人员需要做到以下三点：①认真观察；②记录员工的工作状况；③找到影响工作成败的关键因素。通过这种方法，管理者能够找到员工在工作过程中存在的各种问题，并给予针对性指导。但是这种方法需要耗费大量精力，而且操作比较复杂、困难，有一定经验的人才能进行操作。

第四，BARS 法。

BARS 法也叫行为锚定等级评价法，“BARS”是英文“Behaviorally Anchored Rating Scale”的首字母缩写。这个方法是 20 世纪 60 年代由美国学者史密斯和德尔提出的。考核人员通过对同一职务的工作可能发生的各种行为进行打分，并且建立一个锚定评价表格。这种方法，实际上是关键事件法与图尺度评价法的结合体，能够将绩效结果进行量化，继而使考核结果更为准确。这种方法不仅具有非常好的反馈功能，而且考核结果非常清晰，考核元素独立性强，能够让管理者做出可靠的判断。但是缺点与关键事件法相似，操作难度较大，费时费力。

第五，平行比较法。

这种方法实用性比较强，而且操作简单，易于掌握。操作方法是考核人员将员工与员工进行平行比较。例如，某商业银行网点有四个窗口，因此考核人员要对四名柜员进行考核打分。首先选定一项考核指标，比如服务态度。先是拿 A 员工与 B 员工进行平行比较，A 员工的服务比 B 员工的服务好，A 员工就是加号，B 员工就是减号，以此类推。这种方法，就是进行人与人之间的比较，考核结果简单明了、非常直观。但是这种方法需要排除考核人员的主观因素，如果他带着偏见进行考核，该方法就会失效。因此，只有保证客观、公正，该方法才有比较好的效果。

除了以上五种方法，还有行为观察法、360 度考核法等。考核方法可以为管理者提供管理方案，重新优化人力资源结构。另外，活学活用才是关键，不要照搬或者直接套用。

第十四章
文化软实力支撑

企业文化是一种软实力，甚至是所有管理、经营活动的载体，如果没有这个载体，企业就如同失去了一套循环系统。因此，管理者不仅要深耕企业文化，还要借助企业文化进行精细化管理。

浅谈企业文化的作用和意义

世界上著名的公司，几乎都有自己的文化，比如苹果公司，这个由史蒂夫·乔布斯一手打造的“超级航母”。乔布斯认为，专注和简单一直是自己的秘诀之一。简单可能比复杂更难做到，你必须努力厘清思路，从而使其变得简单。但最终这是值得的，因为一旦你做到了，便可以创造奇迹。因此，“极简”就是苹果公司的文化之一。除此之外，苹果公司还将专注设计、关注细节、聆听批评、永不服输、不可替代等纳入企业文化，并通过产品传递给每一名消费者。又比如，华为公司一直崇尚一种“狼性文化”，华为总裁任正非对“狼性文化”的解读是企业发展就是要发展成为一匹狼。狼有三大特性：一是敏锐的嗅觉；二是不屈不挠、奋不顾身的进攻精神；三是群体奋斗的意识。因此，华为集团在业界的竞争力、厮杀能力有目共睹。马云则直接表示，企业文化是核心竞争力。

然而，有一些老板并不重视企业文化建设。例如，曾经有一个公司，经营模式为商品直销。这种模式，想必许多人都听说过。总经理经常对员工说："发展自己的代理，代理发展代理，如此下来，公司产品就能成为畅销品。"为了发展代理，这些员工对自己的朋友、亲人"下手"，为了卖出一单产品，他们甚至变着花样去撒谎。产品虽然卖出去了，但是也伤了人脉，自己的形象和企业的形象也被严重损毁。不到两年时间，这家公司倒闭关门，总经理携款潜逃。一些企业虽然有企业文化，但管理者没有弄明白企业文化的作用。一些干部这样评价企业文化："企业文化就是口号，需要喊一喊，喊出来才有效果。"事实上，许多商业银行的管理者也这样认为。管理者肤浅地把企业文化看作口号，也就难以发挥企业文化的作用。那么企业文化到底有哪些作用呢?

第一，增强凝聚力。

企业文化可以让员工团结一心，展现出强大的凝聚力。许多管理者认为，想要让员工听话，就需要允诺高工资。事实上，靠薪水挽留员工，只能起一部分作用。许多优秀的人才选择企业，是奔着企业文化和企业经营理念而去的。如果一个企业管理者张嘴就谈钱，一说话就谈管理制度和纪律，就缺乏足够的吸引力。一个健康、和谐的文化环境，才能培养出责任心和向心力；如果没有文化作为依托，想必这样的企业是吸引不到人才，更没有强大凝聚力的。

第二，约束员工行为。

笔者记得有一位银行家说："文化是一种制度。"言外之意，文化可以约束人的行为。事实上，一个有文化、有涵养的君子，总能够把"道德"摆在面前，他的道德防线比法律防线高出一截，因此他非但不会犯罪，反而能够传播美德。企业文化能够传递价值观、行动规则、思想指导等，由此能让员工养成一种习惯，让其工作更加规范。

第三，激励员工。

人们常常听到马斯洛需求层次理论，它将人的需求分为五种：生理需求、安全需求、社交需求、尊重需求和自我实现需求。企业文化可以满足员工的尊重需求和自我实现需求。企业文化更多是一种精神鼓励，企业通过满足员工的精神、情感需求，继而激发员工的战斗力，提高执行力。

第四，辐射和穿透人群。

企业文化是社会文化的一个缩影，它对广大人群有一定的辐射力。它可以通过价值观、企业精神等进行传递，而且这种传递非常有力量，完全可以影响、改变每一个人。因此，企业文化是企业的核心竞争力。

企业文化是一种软实力！如果人们想到一个银行，随口就说出它的经营理念和价值观，想必就能放心地选择他们的服务，并成为它的忠实客户。

企业价值观的形成与塑造

企业文化的形成过程中，组织者需要不断去搭建并不断改善管理。企业文化是一个巨型“建筑”，建筑物不是一天落成的，它需要长时间搭建。企业文化是企业生产经营活动的载体，这个载体就像人类的血液循环系统那样重要。因此，企业文化做得好，企业竞争力普遍较强；不重视企业文化建设，这个企业的生命也是有限的。

许多管理者心存疑惑：如何才能塑造企业价值观？企业文化建立起来了，价值观也能随之树立起来吗？笔者认为，如果人们把企业文化当作土壤，企业核心价值观相当于土壤里的一颗种子。只要人们在文化的土壤上，不停地施肥、浇水、科学管理，企业核心价值观就会生根发芽，长成参天大树。这就需要管理者做好两件事：其一，确保文化土壤“肥沃”；其二，精耕细作，重视培养企业核心价值观。因此，塑造企业核心价值观，还要坚持六个原则。

第一，以人为本。

以人为本是一种人文关怀，也是一种管理需求。过去，管理者把员工当作“生产设备”，只要一声令下，员工必须无条件完成交代的任务。还有一些管理者，用不近人情的管理制度约束员工的行为，甚至给人一种“剥削人”的感觉。如今，现代企业崇尚尊重员工、以员工为发展基石的管理者。管理者不再是高高在上、掌握“生杀大权”的领导，而是与员工平等、分工不同的合作伙伴。以人为本是企业价值观所需因子，甚至是企业价值观形成的关键。

第二，诚信为本。

这里的诚信，是两个方面的诚信。一方面，是管理者对员工诚信。例如，管理者对员工的承诺，要及时兑现，不要拖拖拉拉，更不要当成一句空话。另一方面，是企业对客户诚信。诚信体现在态度、产品、服务之上，如果企业对客户不诚信，只做“一锤子”生意，那么这种做法就是自绝后路。

第三，品牌为本。

许多管理者不重视品牌建设，认为品牌只是一种包装，这个包装“假大空”，不实在。有“广告怪杰”之称的大卫·奥格威表示：品牌是一种错综复杂的象征，它是属性、名称、包装、价格、历史声誉、广告方式的无形总和。品牌竞争是企业竞争的最高层次。事实上，真正有竞争力的企业都非常重视自身品牌建设。品牌是一种无形的资产，是一种号召力的体现。

第四，科技为本。

科学技术是第一生产力。技术革命彻底改变了世界，也改变了人们的生活方式。一个从事传统小食品制作生意的人，也采用微信、QQ（一款即时通信软件）等方式宣传自己的产品；一个从事陶塑制作的匠人，也开始借助互联网传播中国传统文化。智能时代，商业银行的职能、功能都在发生变化。坚持以科技为本，借助科技的力量实现华丽转身，难道不是一件好事吗？

第五，创新为本。

如果说，科学技术是第一生产力，那么创新完全可以推动生产力发展。著名的苹果公司，借助自身优势创新系统 iOS，几乎赢了全世界，这就是创新的力量。苹果公司创始人史蒂夫·乔布斯表示：领袖和跟风者的区别就在于创新。创新无极限！只要敢想，没有什么不可能，立即跳出思维的框框吧。如果你正处于一个上升的朝阳行业，那么尝试去寻找更有效的解决方案，更受消费者喜爱、更简洁的商业模式。如果你处于一个日渐萎缩的行业，那么赶紧在自我变得跟不上时代之前抽身而出，去换个工作或者转换行业。不能拖延，立刻开始创新！

第六，利润为本。

事实上，企业存在的目的，还是"逐利"！如果彻底放下利润不谈，而是只谈人文和核心价值观，企业就会变成社会公益组织。对于企业而言，利润为本是永恒的，利润最大化是管理者的终极梦想。另外，获得利润是企业经营的本质。

除此之外，企业的管理者要注重文化战略部署，借助文化推动管理和改革，是实施精细化管理的不二法宝。

企业愿景与员工愿景相一致

麻省理工学院资深教授彼得·圣吉表示：如果没有共同愿景，就不会有学习型组织。这里面提到"愿景"一词。何为愿景呢？字面解释，就是愿意看到的景象。放在管理学中，愿景是一种职业期许。员工希望得到良好的发展平台，希望得到企业的尊重，希望能够在收入方面有所体现。企业愿景是什么？是一种企业大方向，甚至是企业未来发展的一个目标，这个目标需要所有人全力以赴才能实现。

有一家商业银行网点，行长姓王，大家都称呼他老王行长。这个行长有些固执，思想也比较保守，属于老派银行人的代表。他做事比较仔细严谨，但是有时只注重眼前利益。

这家银行网点把防控风险放在第一位，把营销业务放在第二位。但老王的下属这么表示：银行是一个营利组织，员工更应该重视业务。正因如此，许多员工在认知方面与老王行长格格不入。

后来，许多商业银行进行网点改革，一些有能力的员工借机纷纷跳槽，选择了在他们看来更有朝气的银行。老王行长百思不得其解："银行工资不少发，活也不多，为何他们还要跳槽？"

如果企业愿景与员工愿景不同，就会出现这种员工跳槽现象。笔者有一个朋友，曾经在某上市公司任中层干部，年薪已到60万元。后来，他辞职去了一家年薪只有50万元的年轻企业。薪水低了，反倒激发了他工作的热情。他认为：如果一个人的理想与企业的理想不谋而合，就像找到一个志同道合的朋友！说白了，他之所以选择那家企业，就是因为能够与企业同呼吸、共命运。如果一个企业的愿景与个人愿景相背离，就会逐渐产生隔阂和矛盾。彼得·圣吉表示：只有当人们觉得有些事是他们真心想要和关心时才会产生执着感。著名管理学者马克·利普顿在《愿景引领成长》一书中表示：愿景可以团结人，愿景可以激励人，愿景是拨开云雾指明航向的灯塔，愿景是迷茫时期或不断变化时代的方向舵，愿景是可用于竞争的有力武器，愿景能建立起一个命运共同体。共同的愿景，不仅能够激发员工的激情，也能够帮助员工克服困难、增强执行力。事实上，与员工有共同愿景的企业，才能走得更长远。

笔者认为，愿景是一个目标，与员工有共同愿景，就是有一个共同的目标。有一个老板，给公司制订了"37"的年目标，这个目标是利润3亿元，员工年收入7万元。而去年完成了"26"，也就是利润2亿元，员工年收入6万元。企业得到好处，管理者就会拿出其中一部分奖励给员工。员工不仅得到了应有的奖励，满足了自身的需求，而且能够为企业朝着更高的目标前进。共同愿景中包含一个共同的使命。比如打造竞争力最强、服务最好的商业银行。共同愿景，还要有一个统一的行为准则。如果一个企业只能借助制度去强行控制员工的行为，最后的管理结果，可能是悲惨的。如果企业能够借助企业文化推广企业的核心价值观，潜移默化地影响员工，就能让员工养成一种良好的工作习惯，规范自己的行为，朝着共同愿景努力。另外，共同愿景能够为员工提供行动指南，马克·利普顿在

《愿景引领成长》中表示：指导性的价值观和原则是愿景的重要基础，但它们不是愿景本身。愿景不止于这些，愿景把这些价值观和理想描述为行动。

因此，企业愿景要与员工愿景相一致，二者一致，员工自然会与企业站在一起。

企业管理氛围的营造

有一个企业老板，他有时候刚愎自用，有时候则听信谗言，排挤许多有能力的人。后来，一些有能力的人为了不得罪他，选择一种“保守”的工作方式，不仅不提意见，反而开始拍他的马屁。有人说：“这个企业早晚毁在他的手上，管理几近瘫痪，执行力差到极点，许多员工纷纷跳槽。”后来，这个企业效益直线下滑，濒临破产。这个老板退休之后，企业换了一个年轻的管理者。这个年轻管理者公平、公正、非常重视人才，坚持以人为本，营造出和谐、积极的工作氛围，帮助企业甩掉了“老大难”的包袱，扭亏为盈。

俗话说：“危国无贤人，乱政无善人。”如果一个企业管理者也像故事中的老板一样施“暴政”于员工，最后只能被员工所抛弃。管理者只有营造一个快乐、祥和、积极的工作氛围，才能让企业管理积极有效。管理者可以从以下几个方面入手，营造良好的管理氛围。

第一，让员工感受到快乐。

比较有代表性的是谷歌公司的企业氛围。谷歌员工在 Glassdoor（可点评企业的职场社区）上经常晒野餐、滑雪、攀岩、打保龄球等活动照片，他们看起来非常轻松，脸上纷纷挂着笑容。另外，谷歌公司还允许员工在完成工作任务后自由在工作区域“串岗”，这看上去简直有些“不守纪律”。事实上，员工快乐了，才更愿意做老板交代的事情。如果员工工作得不快乐，拿到老板布置的任务，即使表面没有说，内心也会暗自牢骚几句。有科学证据证明，人在快乐的时候能够更加高效做事。

第二，让员工感受到公平。

过去，许多管理者不能够一碗水端平，总是偏袒一方，打压另一方。天平失去平衡，就会让一方感到不满。笔者记得韩婴说："正直者顺道而行，顺理而言，公平无私，不为安肆志，不为危易行。"管理者能够做一个顺应道理而行的正直的人，大公无私，才能得到员工们的响应。瑞士哲学家阿密埃尔在《日记》中表示：自由和平等都是空洞的原则，唯有公正才是真正有益于人类的原则。在这个原则之下，弱者将得到必不可少的保护和仁慈。

第三，让员工有一种归属感。

人们常说，企业是员工的家。管理者尊重员工、给予员工一定的权力，让员工参与企业建设和管理，见证企业的发展，成为企业发展的功臣，肯定员工的功劳和苦劳，员工才会把企业当成自己的家。如果管理者不把员工当人看，不尊重员工，总是命令员工，把员工当成奴隶，员工怨声载道，还能把企业当成家吗？管理者要低调示人，对员工进行适当激励，常常与员工进行沟通，做员工的良师益友。只有这样，员工才能产生归属感，愿意留下来辅佐管理者共同发展企业。

第四，让员工有一种成就感。

如果一名员工在所在的企业能够实现自己的梦想，自然会爆发出更强大的工作能力和战斗力。因此，管理者要为员工提供三个平台：①培训平台，帮助员工提升能力；②晋升平台，让员工通过自身努力可以获得老板、同事的认可；③奖励平台，对于优秀员工，管理者不要吝啬自己的掌声，当及时勉励，让其更上一层楼。

除此之外，管理者要加强精神文明建设。精神文明是企业之魂魄，是企业文化发展之根基。加强精神文明建设能提高员工的道德修养水平，增强企业的凝聚力和竞争力。

企业职业化管理

笔者记得有一位企业老板抱怨过："员工不职业，又怎能帮助企业实现振兴呢?"这样的抱怨声不绝于耳，"不职业"也成了某些职场人和某些管理者的一个标签。另一个概念也被提及，就是职业化。何为职业化呢?简言之，就是一个人从事某个职业，他的气质、技能、行为表现等符合该职业的要求。例如，商业银行客户经理身穿银行制服，拥有丰富的金融知识，懂得营销和客户维护，能够把客户需求转化为银行的实际收益。职业化有"三大要素"：第一，职业技能。俗话说："没有金刚钻，别揽瓷器活。"技能是工作的基础，扎实的职业技能是胜任岗位工作的前提。第二，道德素养。只有拥有良好的道德素养，一名员工才能够长期坚持做正确的事。第三，职业规范。员工要按照企业的规定，进行规范操作。

如今，许多管理者都赞同一个观点：管理者要对员工进行职业化管理。例如，某商业银行为了提高员工的素质，定期为员工进行相关培训，在丰富企业文化的同时，注重爱国、爱银行、爱岗敬业的"三爱"教育，通过一系列管理与调整，取得了非常好的管理效果。事实上，企业职业化管理的目的在于提高员工的综合素质，带动企业快速稳定发展。那么管理者如何才能有效提升企业的职业化管理水平呢?

1. 建立职业化管理模型

许多管理者认为，职业化管理就是把员工管好。从广义的角度讲，员工容易管。员工听从领导安排，就是一种"管好"。从狭义的角度讲，员工不容易管，因为"管"是全方位的，并不只有"听话"这一个因素，还包括员工的知识、技能、文化、道德、贡献、行为等。建立职业化管理模型，就需要把上述元素考虑进去。知识是基础，为技能提供有力支持；技能是夯实工作的基础；文化是载体，没有文化，人很难取得进步，也难以领悟企业文化和企业的核心价值观；道德可以大大降低人为风险；贡献体现价值；规范工作行为则是标准管理的一种体现，甚至是精细化管理的一个表现。围绕职业化建立相关模型，可以帮助企业进行职业化目标管理。

2. 建立职业化培训体系

培训是一种低成本的人才投资战略，企业只需要花费一点“培训成本”就可以获得专业人才，是打造企业及银行智库最简单、最直接的办法。通用电气前 CEO 杰克·韦尔奇表示：你可以拒绝学习，但是你的竞争对手不会。马云曾经表示，能力决定你所在的位置，品格决定你能在这个位置待多久。建立一套完善的培训体系，对员工和企业都有极大的好处。著名企业家牛根生表示，自己在蒙牛创业期间，最重要的事就是培训，最累的事也是培训。自己走到哪儿就培训到哪儿。如果不能把你的员工培训到你想达到的标准，你就难以达成目标。即使在成立之初，企业最困难的时候，自己每星期仍组织学习会，主要有两个内容：一是信息沟通，二是培训。

3. 提升员工的职业化水平

笔者记得北方有一家商业银行曾经推出“帮扶计划”：高层帮助中层，中层帮助基层，老员工帮助新员工。这个“帮扶计划”让员工快速获得了工作经验，提升了处理问题的能力，作用明显，非常值得推广。延续“职业标准化”管理也可以提升员工的职业化水平。“职业标准化”有两个方面，第一个方面就是提高员工技能，让员工技能与岗位需求相匹配；第二个方面就是规范员工行为，实施标准化管理和流程管理，严格按照流程、标准工作，不仅省时省力，而且出错率低。除此之外，管理者还要为员工提供一个人性的、充满人文色彩的企业环境。只有这样，管理者才能有效提升员工的职业化水平。

职业化管理与其他企业管理同等重要。一家企业离不开职业化，只有职业化才能帮助企业立足，实现目标。

第十五章

精细化管理的“六大任务”

精细化管理的一招一式都对企业发展有帮助。它具体体现在明确的战略、科学的组织设计、有效的流程、完善的培训、激励机制的打造和运行、特色文化的构建等方面。

明确企业发展战略

有一个企业家说："成为战略制定者的关键不在于看清企业目前是什么样，而在于看清企业将来是什么样。"战略不是一句话，而是关乎企业生存、发展的一整套规划。通常来讲，战略决定今后的发展方向。甚至可以说，有什么样的战略，就有一条与之对应的发展之路。如果战略定位"跑偏"，企业发展也会"跑偏"。柳传志表示，到目前为止，取得这样的成果，自己总结了一条经验：预先要把事情想清楚，把战略目的、步骤，尤其是出了问题如何应对，一步步一层层都想清楚；要有系统地想，这不是由一个人或者董事长来想，而是由一个组织来考虑。当然，不可能都想得和实际中完全一样，意外发生时如果很快知道问题所在，情况就很好处理了。

国外有一家商业银行，在互联网还未完全普及的时候，这家银行行长便有了一个想法：做强做大互联网业务。于是，他把"成为互联网银行”的目标当成银行的发展战略。

为了与互联网接轨，这个行长高薪聘任多名计算机高手，并以此为核心，让他们组建攻关团队。这个团队用了一年八个月的时间，终于将传统银行业务搬到了互联网上，并拉到第一批互联网客户。

后来，这家银行深耕“互联网银行”战略，进一步延伸互联网产品和相关配套服务。短短几年时间，这家商业银行就成了“互联网银行”的领跑者，不仅赚得盆满钵满，而且其智能化金融服务得到了同步推进。

明确企业发展战略，就是明确一条道路。例如，企业的目标是上市，有几个上市选择路径：可以买壳上市，还可以 IPO（首次公共募股）上市。笔者认为，明确企业发展战略，对企业的发展具有非常重大的意义。

第一，发展战略是目标。

许多企业都有自己的奋斗目标。例如，某大型民营企业拥有职工 4000 人，每年纳税超过 3 亿元，这样一个企业，老板提出 3 年内上市的总体目标。经过 3 年奋斗，该公司成功上市，实现了目标。还有一些银行，有做大“投行”的整体规划，便循序渐进，一点一点实现目标。发展战略就是一个目标，这个目标不仅是企业的目标，更是全体员工共同奋斗的目标。有了这样的目标，员工和企业才有“奔头”。

第二，发展战略是一种“力”。

参赛运动员的目标是向金牌发起冲击——这就是一种“力”。如果一个企业缺少战略目标，就会丧失这种“力”。笔者深刻地记得某企业老总说：“企业没有战略如同一个人没有梦想，不是在生存中迷失，就是在危机到来前死亡。”有了目标，才能有前进的动力。有了共同的目标，员工才能齐心协力，创造奇迹。就像奥运会金牌对运动员产生的刺激与激励一样，发展战略可以让员工爆发出更多的工作激情和潜能。

第三，发展战略可以让资源得到优化和整合。

科学制定的发展战略，是与企业资源相匹配的。在实践过程中，人们想要实现战略，就要不停地优化和整合资源，让资源发挥优势作用，其中包括人力资源和物力资源，也包括无形的品牌资源、价值体系。让资源价值最大化，也是企业管理者的奋斗目标之一。这个目标，与战略目标是不谋而合的。因此，能够实现发展战略，也就能体现资源价值。美国前国防部长威廉·科恩认为，在任何场合，企业的资源都不足以利用它所面对的所有机会或回避它所受到的所有威胁。因此，成功的战略必须将主要的资源用于最有决定性的机会。

除此之外，发展战略还能让员工抵御诱惑、预防潜在风险。只要坚定发展线路不动摇，不断提高企业的核心竞争力，企业就能长期屹立于市场。

组织结构设计责权分明

要想把一个企业管理好，需要完善组织结构。如果组织结构设计有问题，责权不清，就会出现推诿扯皮的现象。什么是组织结构呢？组织结构就像一座楼，从一楼到五楼楼层分明，有一种层次感。组织结构，就是按照相互关系，将各个部门进行有序排列。比如一个集团下设五个子公司，其中一个子公司又有 20 个部门，这 20 个部门分别是人事部、企划部、综合办公室、销售部、采购部、纪律办公室等，每一个部门分别由正副两个部长以及若干员工组成。许多企业都有相关组织结构设计，通常，企业组织结构就像“金字塔”一样。

管理大师彼得·德鲁克曾经提出五种组织结构模式：第一种是功能式结构模式，这种模式就是将组织按照功能进行划分，通常来讲，按照人、财、物、产、供、销进行划分。第二种是工作小组结构模式，这种模式是一种“项目”结构模式，比如公司有了一个新项目，就会成立项目小组，招募小组成员。第三种是联邦式结构模式，这种模式是当今企业运用较为广泛的模式，即通过“授权”，管理者将权力分配到每一个部门，部门再进行运作的组织结构模式。第四种是虚拟分权式结构模式，这种结构模式就像“承包责任制”，每一个部门需要自负盈亏。第五种是系统模式，这种模式非常有趣。比如，有一个企业为了运作上市，需要企业所有部门围绕着一个目标各司其职，同时要齐心协力。这种模式如果运行顺畅，更能发挥凝聚力。

管理者设计组织结构，可以按照以上五种模式，也可以根据企业的自身管理状况按照责权顺序去设计。笔者在这里强调：组织结构设计一定要责权分明。通常，组织结构设计分为以下几步。

第一步：确定组织目标所需要的相关事项。

比如，有一个商业银行在某地区设立一个新网点，并给新网点布置了相关经营目标，为了实现这个目标，新网点有销售、服务、后台处理、接待等相关工作需求。每一个需求，对应一个工种或者岗位。

第二步：针对所需要的事项确定部门和职位。

银行新网点确定了销售、服务、售后、后台、接待等工作，就要根据这些工作进行部门设计，比如大堂、高低柜、客户销售、后台管理、内控等。有了这些部门，银行新网点再根据部门确定相关职位，比如销售部，有部长、副部长、销售员等。还有一些公司，会编写一个“岗位编制”，形成一个稳定的系统架构。

第三步：配备相关人员并进行授权。

比如，银行新网点的销售部，根据实际需求，需要配备四个人：销售部部长一名、副部长一名，对公客户经理一名，个人客户经理一名。管理者需要有一个招聘方案，符合相关规定、要求的人，才能上岗工作。例如，对个人客户经理的要求是本科以上学历，有 3 ~ 5 年商业银行销售经验，有丰富的工作经验和人脉，熟悉银行产品，能够吃苦耐劳，有较强的抗压能力。人员到位之后，管理者还要进行相关授权工作。

第四步：制定管理制度。

商业银行开设新网点，完全可以照搬上级银行的管理制度，如果没有上级银行或者特例，就需要制定一套管理制度。制定管理制度的目的是规范员工工作，监管和约束员工。

组织结构并不难在设计，而是难在责权分明。“责”是责任，就是要求员工在自己的岗位上要肩负责任，自己的工作自己做，还要排除万难，持续为此负责；“权”是权力，但是，权力要慎用。把“权”用在“刀刃”上，才能发挥权力的作用。如果滥用权力，就会滋生腐败。有权力就要肩负责任，这样才能让组织高效运转。就像法国作家雨果在《笑面人》里所写：我们的地位向上升，我们的责任心就逐步加重。升得愈高，责任愈重。权力的扩大使责任加重。

管理流程的梳理与优化

如果把流程看成企业的血液循环，血液循环越顺畅，企业也就越健康。流程相当于工作脉络，按照流程去做事，省时省力省心。流程的一端是指令，另一端是目标。指令一下，员工按照既定路径去做，坚持做到最后，就能够实现目标。“企业再造之父”迈克尔·哈默认为：对于21世纪的企业来说，流程将非常关键。优秀的流程将使成功的企业与其他竞争者区分开来。

迈克尔·哈默对于流程的改造和梳理，有8条建议。

（1）以结果目标为导向，而不是以某个任务为导向，所有的流程应该指向管理结果，而非某个业务。

（2）让管理结果的设计者全权负责整个流程的管理，尽可能消减冗余的辅助机构。

（3）把处理信息的工作继续交给产生该信息的流程。

（4）集中资源，扩大自己的优势，而且要坚持灵活的管理方法。

（5）将流程中处于平行位置的多个工作进行连接，从而达到协调的目的。

（6）把流程工作开始的地方当成一个“管理阀门”，对该流程进行随时把控。

（7）利用互联网技术，把源头信息及时进行储存、传阅、分享，让该流程的每一个节点的工作人员都能看到最重要的信息。

（8）管理者必须给予高度支持，如果管理者不支持该流程，该流程就失去了意义。

迈克尔·哈默表示，流程管理是以严格设计和认真执行企业“端对端”之间的流程为中心，旨在提高企业运营绩效的一种有机方式。而业务流程是以为客户创造价值为目的的企业相关活动的有机组成，如订购履约流程、产品开发流程和售后服务支持等。任一业务流程中的所有活动都必须同心合力，都必须为服务客户需要这一共同目标努力奋斗，都必须在流程设计规定的指引之下进行，参与流程的每一名员工都必须着眼于团队利益。他的观点展现出两个重要的“点”。第一个点是“目标”，第二个点是“合力”。当下，许多企业都在进行“目标管理”与“凝心聚力”课程的培训工作，两者结合在一起，才能提高流程运行质量。

某商业银行网点，为了提高服务质量，挖潜增效，对三项重要工作进行优化。

针对大堂工作，大堂工作人员除了维护秩序外，还要对客户进行精准分流和引导。为了提高这种职业能力，该银行进行“客户识别”培训，提高大堂工作人员的职业素养。客户得到精准分流，排长队的现象减少了。

针对销售工作，让过去“跑外”的客户经理回到大堂，进行驻点营销。网点营销力度加强了，销售业绩也就得到了提升。与此同时，银行网点培养了客户经理与网点其他工作人员的友谊。

针对工作效率，该商业银行网点对业务处理时限进行思考判断，进一步优化并缩短业务处理时间。并将部分前台业务交由后台集中处理，大大提高了工作效率。

通过“三项优化”，该商业银行网点的管理效率得到了提升，管理流程也得到了进一步优化。

为什么还有许多公司在拥有管理流程的情况下，依旧存在运行不畅的问题呢？笔者认为有四个原因。第一，流程环节太多，障碍太多。对于这种情况，管理者以及参与流程设计的人，应该想尽办法消减流程中过多的冗余项。第二，流程不完整。如果一个人的血液循环系统不完整，或者某个血管堵塞，就会造成很严重的后果。管理者要反复检查流程，把流程变成一个“闭合循环”。第三，流程缺少绩效考核保障。如果没有绩效考核，流程就会沦为“过场”。第四，参与流程的各个部门相互推诿，责权不明确。针对这个原因，管理者要将流程责权清晰化，并且将这些部门进行梳理、整合，让其形成一种合力，才能发挥管理流程的作用。

迈克尔·哈默表示流程管理提供了一个将包括企业资源计划、供应链整合、兼并整合、全球化、电子商务、平衡计分卡、经济附加值和客户关系管理的各种可以改善绩效的举措加以整合的框架和舞台。因此，梳理与优化管理流程就像调养一个病人的身体一样重要。

培训体系的建立

知识是通往成功的阶梯。没有知识，人就会失去行动力。关于知识，想必大家有一个共识：知识多了不压身！学习，是掌握知识的唯一途径。古人言：“立身百行，以学为基。”如果一个企业里没有有知识、有能力的员工，该如何发展呢？要以学为上，但是不能为了学而学，应该学以致用。司马光说：“学者贵于行之，而不贵于知之；贵于有用，而不贵于无用。”如今企业提供培训，就是提供一种可以学以致用的知识和学问。

当然，也有一些企业并不重视培训。笔者记得有一位管理者说：“学习是员工的事情，企业没有义务为其提供二次学习的机会。”难道真的如此吗？如果你的一名员工服务不到位，责任意识差，没有归属感，总想跳槽离开，难道你不需要想办法解决这个问题吗？“经营之神”松下幸之助认为：企业即人。企业离不开人，离不开那些干部和员工。员工的能力决定企业的能力，员工的技术上限决定企业的技术上限。因此，企业建立培训体系是非常重要的，许多企业都是通过打造学习型企业而逐渐走上繁荣发展之路的。

笔者认为，建立培训体系至少有三个方面的好处。第一，提高员工的知识、技能、道德水平，完善其能力。第二，体系的建立，可以让培训更加系统，符合企业长期发展的规划，克服随意性，提高员工参加培训的积极性。第三，让培训变成一项具体的工作，专人专责更能够发挥培训效果，提高培训质量。如今，许多商业银行都非常重视培训，不仅外聘专家团队进行培训，而且发展自己的内训团队，打造内训体系。那么企业如何才能搭建培训体系呢？

第一步：树立培训意识。

企业高层、中层、基层管理者要分别做好各自的工作。高层管理者要提供培训学习的环境和适当的压力环境。高层不仅要重视培训，还要明文强调培训的重要性。中层管理者要传达高层意见，把高层意见转化为实际行动，比如直接聘请专家团队等。基层管理者要让员工感受到不接受培训的压力，把这种压力转化为动力。另外，企业还要让员工认识到培训的目的和意义，员工产生培训需求，自然会主动参加培训。

第二步：给予政策和资金支持。

许多企业每年会定项拨款进行培训工作，这是资金支持。但是政策支持更加重要。笔者记得有一位银行行长说：“政策不是命令，而是用来推动命令、推动执行的。有了政策，才有政策环境。”另外，管理者还要有一个“智库蓝图”，对人才建设提出战略性意见和看法，并形成一套行之有效的培训管理制度。

第三步：设计培训流程。

精细化管理是靠流程管理，培训也是精细化管理的一部分，因此也要靠流程说话。设计培训流程分为以下内容。①管理者或者负责培训的人要进行大量前期准备工作，必须调查员工需求、研讨培训科目等，结合企业发展总体规划，制订培训目标。②选择培训内容。一般来讲，培训分为三个板块：知识培训、技能培训、职业道德素质培训。③选择合适的培训者。对于银行网点而言，由于人员配备有限，其通常直接外聘专家团队进行培训，或者由上级银行直接负责对下级银行的培训工作。④选择培训方式。一般来讲，要按照批次进行培训，这样做的目的，是在不影响正常生产经营的情况下，做好培训工作。⑤选择培训方法。培训方法有很多种，比如演示法、角色互换法、案例分析法、头脑风暴法、沙盘法等，银行灵活运用这些方法，可以提高培训的趣味性。⑥选择培训场所。企业可以根据自己的实际情况安排培训地点。

第四步：评估培训质量。

一期培训结束之后，管理者要对培训质量进行评估，比如制订考试计划等。如果培训效果不错，就继续优化加强；如果培训效果不好，就需要调整、修改培训方案，进一步优化培训课程，或者建立与培训成绩相关的绩效考核，从而确保培训质量。

任正非表示，培训工作很重要，它是贯彻公司战略意图、推动管理进步和培养干部的重要手段，是华为公司通向未来、通向明天的重要阶梯。建立培训体系，同样是商业银行谋求精细化管理的重要一环。

搭建激励管理平台

管理大师彼得·德鲁克认为：用人不在于如何减少人的短处，而在于如何发挥人的长处。用人之长也是我国自古以来的用人智慧。用人如用器，只有用“器”之所长，才能发挥“器”的作用。比如，用竹篮打水，永远打不上来水，用竹篮盛放水果，却能发挥它的作用。因此有人说：“用人的最高智慧是‘容人之短，用人之长’。”

古代有一个将军，他被敌军大部队围困在深山之中，如果不能突出重围，便会被困死在山林里。这个将军所带领的队伍已死伤过半，队伍里面开始滋生各种负面情绪，甚至有人想要投降。为了冲破敌军防线，这个将军做了两方面工作。一方面，他到队伍中与士兵谈心，缓解他们的负面情绪，及时给予语言鼓励和相关承诺。另一方面，他将队伍分成三部分。第一部分是勇士先锋，第二部分是骨干——弓箭手，第三部分是后援团。补足给养之后，这个将军再次鼓舞大家：“如果能够活着回去，每人赏地10亩。”

正因如此，这支队伍空前团结。每个人出现在自己擅长的位置上。勇士在前，弓箭手在后。他们找到一个敌军薄弱点发起猛攻，经过一天一夜的浴血奋战，终于突出重围。回到大本营，该将军一言九鼎，说到做到，每人奖励10亩良田，而且奖励了士兵不少银两。

从故事中不难看出，管理者如果能够调动员工的积极性，就能够创造奇迹。笔者记得某商业银行网点的管理者采取“1+1+1”的激励模式，取得了非常好的管理效果。第一个“1”是奖金激励；第二个“1”是晋升奖励；第三个“1”是荣誉奖励。有三名员工，通过这种激励走上了领导岗位。还有一名员工，被推荐参加省级先进评选，成为省级先进工作者。由此可见，激励机制是非常有效的。企业搭建激励管理平台，就能够提高“管理—执行”效率，实现精细化管理目标。搭建激励管理平台应注意以下几方面内容。

第一，满足员工需求。

满足需求是基础。如果一个人连饭都吃不饱，怎么有力气干活呢？员工工作是为了生计，企业首先要满足员工的生计需求。其次，企业还要尊重员工，给员工发展的空间。员工的需求得到了满足，自然会肩负责任，认认真真地去工作，严格落实领导布置的任务。找到员工的需求，也就找到了搭建激励管理平台的切入点。

第二，采取分类激励。

所谓分类激励，类似于前文提到的“1+1+1”激励的变体。一是奖金激励，奖金激励也是最简单、直接的激励方式。二是荣誉激励，荣誉激励通常与晋升挂钩。三是浮动，所谓浮动，就是额外的物质或精神奖励，比如礼品、培训机会等。还有一些企业直接采取“1+1+1”薪水，也就是“岗位工资+奖金+浮动”。采取这种多元立体的激励模式，更能激发员工的干劲。

第三，制定绩效制度。

有人说：“表现优秀当奖励，表现拙劣当批评。”真正积极有效的激励，是正面激励与负面激励相结合的奖励，也就是说企业要“赏罚分明”。制定绩效制度，就是为了正面引导员工，让员工始终保持积极向上的工作态度。另外，绩效成绩也是一名员工的自我价值体现。绩效成绩越好，员工自我价值越高，员工成就感越高。员工有了成就感，就会产生强烈的责任感和企业归属感。

第四，完善竞争体系。

在有限的管理空间内制造一种危机感，是非常有意义的。它能够促使员工自我学习，想尽办法拉近与优秀者之间的距离。但是，人为制造竞争空间，要注意保持“游戏规则”的公平公正，不能偏袒一方而打压另外一方。有了竞争，员工才能共同进步。

柳传志表示：人才是利润最高的商品，能够经营好人才的企业才是最终的大赢家。搭建激励管理平台的目的，就是挖掘人才，培养人才，激励人才，让员工各尽其能，各显神通，真正体现“企业即人”的理念。

构建企业特色文化

如今，许多企业都在打造属于自己的特色文化，比如华为集团的“过冬论”和狼性文化。任正非表示：如果有一天，公司的销售额和利润下滑，甚至破产，华为该怎么办？太平的时间太长了，也许就是华为的灾难，而且灾难一定会到来。相比其他企业，华为的冬天可能会更冷，因为华为还太嫩。狼性文化则体现为团队奋斗、敏锐的嗅觉和不屈不挠的进取心。除此之外，任正非提到两个词：“乌龟精神”和“眼镜蛇特质”。所谓乌龟精神，就是艰难爬行但永不止步；所谓眼镜蛇特质，就是能够灵活适应时代的发展。

北方某商业银行借助特色文化，打造核心竞争力，取得了不俗的管理成果，其做法如下。

第一，打造“服务文化”。

银行不仅是金融业的代表，而且是服务业的代表。如果服务做不好，银行就会丢失掉客户和信用。因此，该银行树立“全心全意为客户”的服务宗旨，通过大力宣传，将服务理念传递到每个员工的心里。为了提高服务质量，该银行对全体人员进行“123”培训。1 是“笑”，微笑服务是基础；2 是“礼”，要注重服务礼仪，礼仪是对客户的尊重；3 是“心”，指真心、诚心、热心、耐心，“四心”决定服务质量。

第二，打造“人本文化”。

对于员工而言，银行是第二个家。因此，该商业银行非常重视人文建设，不仅定期组织文体活动，比如晚会、运动会、歌咏比赛等，而且节假日组织慰问退休老员工。在员工晋升方面，该商业银行打造了公平、公正的晋升平台，营造出良好的人文环境。除此之外，该银行成立了一个义工组织，定期组织员工参加社会公益活动。

第三，打造“红色文化”。

该商业银行为了提升凝聚力，加强对员工世界观、价值观、人生观的思想再教育，组织员工参观红色教育基地，宣扬爱国主义精神，提升全体人员的道德情操。员工的道德情操提升了，员工也就更有责任心和顽强的进取精神。

构建企业特色文化，基础在文化。文化，是人类智慧的结合体，它包括衣食住行、风土人情、传统习俗、价值信仰。文化是载体，也是构筑特色管理的建筑材料。笔者记得有一个企业家说："文化是人文的体现，一个人文气息浓厚、有生命力的企业，说到底还是企业文化起到了推动作用。"特色文化，更是合乎企业内质的一种文化，就像指纹和树叶，世界上没有完全相同的企业文化。照搬或者复制其他公司的企业文化，大多"画虎不成反类犬"。因此，商业银行应该打造携带着自身 DNA 的企业文化，这种不同于他者的文化，便是一种特色文化。

文化决定命运。企业打造特色文化的目的，是谋求发展。打造特色文化的另一个目的，是深化现代化管理。如果一个商业银行想要走得远，走得扎实，就需要构建特色文化框架，展现人文主义精神。

参考文献

[1] 冯涛. 农商银行精细化管理路径思考 [J]. 中国农村金融，2018 (2)：65 - 67.

[2] 徐璠. 浅析商业银行管理创新对策 [J]. 全国流通经济，2019 (9)：135 - 136.

[3] 张群. 浅析商业银行目标管理的偏差性 [J]. 天津电大学报，2007 (3)：35 - 37.